Il y a quelqu'un
dans la maison…

DU MÊME AUTEUR

Un souffle vers l'éternité, Éditions Michel Lafon, 2012.

Les Lumières de l'invisible, Éditions Michel Lafon, 2013.

L'Invisible et la science, Éditions Michel Lafon, 2014.

N'ayez pas peur de la vie, Éditions Michel Lafon, 2016.

Patricia Darré

Il y a quelqu'un dans la maison...

Michel Lafon

118, avenue Achille-Peretti – CS 70024
92521 Neuilly-sur-Seine Cedex

www.michel-lafon.com

À François-Philippe
mon fils, afin qu'il sache,

À la mémoire de Jean-Paul,

À Olivier et Jeanne-Marie, mes parents,

À Galwin,

Et à tous ceux qui sont passés ici,
et qui continuent d'apprendre là-bas.

AVANT-PROPOS

ENTRE DEUX MONDES...

Il n'est pas facile de vivre entre deux mondes... D'être d'un côté une animatrice radio agnostique, rationnelle et cartésienne, et de l'autre ce qu'on appelle une « médium ». Pas une voyante prédisant leur avenir à des clients venus la consulter mais un « channel », comme disent les snobs de l'ésotérisme, un « canal » qui reçoit des messages de l'au-delà et parle avec les morts.

Pas facile de subir à la fois les demandes excessives d'êtres en souffrance qui croient que vous pouvez faire des miracles sur commande et l'ironie grinçante de ceux qui vous prennent pour une folle – dans le meilleur des cas – ou pour une mystificatrice qui fait accroire qu'elle peut aider les autres, la plupart du temps moyennant finance.

Pour ce qui est du mercantilisme, j'ai la parade : je ne donne pas de consultation, je ne fais pas de mon don un métier, d'autant que mes capacités, comme celles de nombreux médiums, sont très irrégulières, parfois furtives, et que l'appât du gain n'y changerait rien, bien au contraire. Simplement je comprends le désespoir de ceux qui, dans la détresse, souhaitent communiquer avec leurs chers disparus, ou se libérer d'une emprise dont ils ignorent l'origine. À moins que ce ne soient les défunts eux-mêmes qui veuillent leur livrer une information capable de soulager leur peine, apaiser parfois leur colère ou leur ressentiment. Dans tous les cas, je fais ce que je peux, sans demander la moindre gratification en retour, cela va de soi.

D'ailleurs je n'agis jamais seule, mais sur l'ordre ou avec l'aide de ce que je nomme ma « hiérarchie », faute de pouvoir décrire cette sorte d'armée céleste qui m'aurait choisie comme petit soldat, car j'ignore tout de ce monde mystérieux.

Mais comment ne pas souffrir des sarcasmes qu'entraîne ce genre de déclaration ? J'ai essayé un temps de convaincre les sceptiques, avant d'y renoncer. Il est impossible de prouver quoi que ce soit dans ce domaine à ceux qui refusent de concevoir l'inexplicable… sauf quand ils se trouvent eux-mêmes confrontés à la réalité de phénomènes dont ils voient bien qu'ils ne sont pas le fruit de leur imagination, mais dont l'étrangeté dépasse tout raisonnement logique : vous le constaterez dans ce livre.

Comment dire à ces détracteurs que moi non plus, je n'ai rien compris quand mon « don » m'a été révélé il y a plus de vingt ans ?

Je travaillais dans une radio où je me plaisais beaucoup, je venais de donner naissance à mon fils après huit ans d'attente, d'examens et de traitements, j'étais la plus heureuse des mères. Mon mari Jean-Paul et moi-même nagions dans le bonheur lorsqu'une nuit de novembre 1995, alors que j'allais m'endormir, une voix étrange et péremptoire m'intima l'ordre de me lever, et d'aller écrire… C'était aberrant mais si intensif, si fort, que j'ai obtempéré. Je partis m'asseoir à mon petit bureau et là, à peine étais-je installée, me demandant ce que j'allais bien pouvoir coucher sur le papier, que le stylo se plaqua dans la paume de ma main et se mit à former des mots, à toute vitesse, me laissant tout juste le temps de saisir de nouvelles feuilles blanches.

Les lecteurs de mon premier livre[1] connaissent cette histoire, et ce que disaient les phrases que

1. *Un souffle vers l'éternité*, Éditions Michel Lafon, 2012.

j'avais écrites : désormais, je recevrais des messages, des missions, des consignes que je devrais suivre, « tout était prévu ».

Tout quoi ? Prévu par qui ?

Finalement, je ne devrais pas critiquer ceux qui se moquent de moi car devant pareil bouleversement de ma tranquillité nocturne j'ai réagi comme eux : je me suis crue folle. Je n'ignorais pas qu'entendre des voix pouvait être un signe de schizophrénie et la première chose que je fis fut d'aller consulter un psychiatre.

Celui-ci m'interrogea longuement, ne trouva rien de bizarre dans mon comportement… jusqu'à ce que, mue par une sorte d'intuition, je me mette à lui livrer des détails sur son existence que, semble-t-il, lui seul connaissait.

Un instant déstabilisé, il me réaffirma cependant que je n'étais nullement schizophrène et que tout cela correspondait plutôt à un état de « transe médiumnique », me conseillant de me renseigner sur le sujet, dont il n'était évidemment pas spécialiste.

*

J'ai donc décidé de commencer ma quête dans ce domaine mystérieux qui venait de m'être révélé, et cela fait plus de vingt ans que je la poursuis, ou plutôt que l'on m'impose de le faire.

Dès que j'ai commencé à être en contact avec des gens censés être décédés, j'ai cherché à savoir pourquoi cela était possible, pourquoi je ne captais jamais les mêmes choses en fonction des personnes, de leur culture, pourquoi certains ne partaient pas dans une autre dimension mais décidaient de rester sur notre plan vibratoire, pourquoi d'autres ne savaient même pas qu'ils étaient morts. Que voyaient-ils lorsqu'ils me parlaient ? Pourquoi parvenais-je à les aider, souvent avec des mots ou des pensées qui en un éclair les libéraient d'une situation vieille de dizaines d'années lorsque ce n'était pas de plusieurs siècles ? J'ai compris qu'il n'y avait pas vraiment de loi déductible de tout cela, que chaque cas était un cas particulier, qu'il y avait des fantômes visibles de tous, d'autres ressentis par une seule personne, que certains avaient une existence objective, due à leur volonté de survivre en restant accrochés à notre plan terrestre, et que d'autres étaient la pure création de l'esprit d'un vivant, même si leur matérialisation était bien réelle.

Chaque fois j'étais en contact avec de nouvelles entités, dont certaines avaient été des personnages célèbres. Enfin, célèbres selon notre entendement bien terrestre, car de l'autre côté, la célébrité et le « buzz », comme on dit ici, n'ont aucune importance, les vedettes et les rois redeviennent des âmes comme les autres.

Il n'empêche que les communications que j'ai pu avoir avec d'illustres figures de notre Histoire attisèrent la curiosité d'historiens avec qui j'ai pu faire un bout de chemin, et de spécialistes plus versés dans le domaine du paranormal que mes contacts de « channel » incitèrent à faire d'autres recherches. Le reste des mortels, comme toujours, était partagé en deux clans : ceux qui se moquaient ouvertement de mes « délires », et ceux qui tiraient de mon témoignage une forme de rassurance, même si, au départ, ils s'étaient montrés réticents. Car la mort fait peur.

Dans notre société, en effet, on parle peu de la mort, on la craint comme un néant absolu. Même ceux qui croient en Dieu la redoutent, c'est un comble ! Pour ma part, à la lumière de mes expériences, j'ai juste la conviction que notre vie est éternelle. Quelle que soit la forme qu'elle prend après le trépas, la conscience d'un homme ne meurt pas. Bien des sociétés orientales ont totalement admis ce postulat mais notre société occidentale la réfute le plus souvent.

Par ailleurs, ma formation journalistique me procure une curiosité qui me pousse toujours plus loin dans mes investigations. Je fouine, je cherche, et surtout, je ne me laisse pas impressionner. J'ai appris à être prudente.

*

Prudence et discernement font en effet partie des règles de base.

Quelques mois après mes premiers messages, j'ai commencé à voir les défunts, à les entendre. J'ai observé ceux qui « infiltrent » les vivants en se collant à eux, en pompant leur énergie afin de survivre, refusant de partir ou ne sachant pas qu'ils sont décédés, imposant leurs désirs. Il y a aussi les « possesseurs », dont j'ai pu suivre quelques cas, même s'ils sont rarissimes, c'est-à-dire ceux qui investissent un corps à l'insu de son propriétaire jusqu'à ce que celui-ci s'efface totalement pour leur laisser toute la place.

Les facettes de ces mondes parallèles sont multiples, et je continue, chaque jour, à en découvrir les mystères.

Les méthodes de libération des personnes ou des maisons infestées m'ont toujours été soufflées par cette « petite voix » venue d'ailleurs qui me guide, et je me suis toujours sentie protégée et observée avec bienveillance dans le déroulement des événements auxquels j'assistais. J'ai également toujours eu l'impression de mettre au jour une antique connaissance que je possédais depuis très longtemps.

Cela dit, il faut toujours se méfier ! Il est essentiel de distinguer les symptômes psychiatriques qui pourraient faire voir des fantômes ou entendre des voix à certaines personnes. Lire Freud, Jung ou encore Bergson m'a été d'une grande aide, car même si l'intuition et l'instinct font le reste, la culture reste un appui indispensable si l'on veut faire le tour de la question.

Quant aux « vraies » recherches dans le paranormal, elles évoluent avec notre monde et utilisent désormais des techniques plus sophistiquées que celle des « tables tournantes » du XIXe siècle. Cela donne des révélations surprenantes.

J'ai donc appris à faire « passer » les défunts qui avaient besoin d'aide, à laisser tranquilles ceux qui étaient revenus de l'autre côté pour terminer une mission, et à ne pas arriver dans les maisons en les aspergeant d'eau bénite et d'encens sous prétexte d'effectuer des nettoyages intempestifs.

On doit apprendre à considérer un lieu comme une personne, à le respecter sans y imposer sa loi. Nous n'y sommes que de passage, et n'en sommes en aucun cas les propriétaires définitifs. En plus, on ne joue pas impunément avec les techniques d'épuration à la mode, même si nombre d'entre elles parviennent à alléger la lourdeur d'une ambiance et certaines ondes négatives. Mais s'il s'agit d'un fantôme en errance, elles ne pourront rien faire.

J'ai surtout appris à me méfier de moi-même.

Dans le domaine de la médiumnité, en effet, le ressenti est une première information, mais hélas l'imagination donne lieu à des interprétations qui gâchent tout. Il n'y a pas d'école pour devenir « intermédiaire », cela ne s'enseigne pas, contrairement à ce que prétendent toutes ces organisations lucratives qui forment des extralucides en moins de temps qu'il n'en faut pour le dire.

On développe ses possibilités en suivant les indications reçues par cette petite voix qui nous parle de temps à autre. Cette petite voix est près de chacun d'entre nous, encore faut-il l'entendre, sans se croire pour autant destiné à la « profession » de gourou. Pour ma part, j'ai continué ma vie d'« avant », je ne donne pas de consultations, je l'ai dit, je ne donne que des coups de main lorsque je le peux, et surtout, je fais confiance à ce chemin qui s'est mystérieusement ouvert devant moi.

Je ne me satisfais jamais de ce que je vois, ni de ce que je ressens, chaque expérience médiumnique est une investigation. Il faut donc déployer tout son entendement pour essayer d'être cohérent et efficace. Je me suis cassé les dents dans la résolution de plusieurs cas, parce que je n'avais pas mis au point certains protocoles avant mes interventions. Au début, on ressent les choses de façon anarchique, puis on commence à les canaliser, puis, pour les reconnaître, on met en place, inconsciemment, un processus qui va permettre de gagner du temps pour l'analyse des « symptômes ».

Dans chaque cas de possession, d'infiltration, de hantise, il y a des symptômes reconnaissables, mais comme dans toute manifestation de symptômes, il faut être sûr que ceux-ci ne cachent pas une autre « pathologie ». J'utilise ce terme car bien des fois les manifestations paranormales provoquent des pathologies psychiques voire physiques, sans que le psychisme ou le physique de la personne concernée soit en cause : ce ne sont que des « états » provoqués par les événements paranormaux qui l'affectent… C'est pourquoi j'insiste sur le fait qu'il faut beaucoup de discernement et de connaissances dans des champs aussi variés que la psychologie, la psychanalyse, la géobiologie et la radiesthésie.

Certes, je n'ai pas étudié à fond ces domaines, mais j'y ai acquis assez de connaissances pour reconnaître les signes qui leur appartiennent.

Aujourd'hui, mon ressenti est assez affûté pour détecter une perturbation énergétique, soit dans les lieux, soit chez les personnes que je côtoie, avant d'aller plus loin dans mes recherches. Ces perturbations sont souvent causées par des soucis psychologiques, anciennes blessures, névroses d'angoisse voire psychoses, qui attirent des entités polluantes. La personne atteinte n'est pas pour autant médium, elle est tout simplement infiltrée.

J'ai rencontré en 2005 Fabrizio Barbaresi, un médecin italien du centre Lakhovsky de Rimini. Georges Lakhovsky est un inventeur russe du début du XXe siècle qui mit au point des appareils de médecine alternative tendant à faire communiquer des cellules vivantes entre elles au moyen d'énergie à haute fréquence. Il existe un centre Lakhovsky à Rimini, et le docteur Barbaresi, ophtalmologue passionné par le paranormal, y faisait, à l'époque de notre rencontre, des expériences intéressantes. Nous avons travaillé sur la manière avec laquelle une entité parvient à « infiltrer », c'est-à-dire se nourrir de l'énergie vitale des personnes incarnées. Le docteur Barbaresi appelle ces procédés les « influences psychonucléaires » et a déterminé un certain nombre de conditions requises pour que ces entités puissent squatter, non pas l'esprit, mais l'énergie d'une personne. Cela influe non seulement sur cette énergie, l'épuisant peu à peu, mais aussi sur les goûts ou désirs de la personne « infiltrée ».

Certaines conditions sont nécessaires pour qu'il y ait infiltration et, avec Fabrizio Barbaresi, nous avons déterminé qu'il fallait qu'il y ait un affaiblissement de notre champ énergétique dû à la fréquentation de lieux où l'énergie tellurique est perturbée, ou à des rituels magiques qui peuvent interrompre le flux d'énergie, ou encore à la fréquentation de gens qui émettent des pensées négatives en masse, à des séjours dans des lieux aux mémoires douloureuses, à un surmenage psychophysique, à des ondes néfastes, à l'abus de tabac, d'alcool ou d'autres substances plus dangereuses encore.

Je me suis intéressée à ce domaine, et après les années 2000 me suis « spécialisée » dans la détection et la réparation de ces êtres qui se sentaient brutalement vidés de leur force et influencés inexplicablement. Là encore, il faut beaucoup de discernement pour ne pas trouver des infiltrations chez tout le monde et reléguer par exemple les grands dépressifs chez les infiltrés.

Bien sûr, il ne faut pas confondre ce que le docteur Barbaresi appelle les « influences psychonucléaires » ou « infiltrations » avec ce que l'on appelle la « possession », autre domaine plus violent, difficile d'accès et assez traumatisant. Travailler avec un prêtre exorciste m'a permis de comprendre le fonctionnement de la possession, qui n'a rien à voir avec l'hystérie, même si l'hystérie en est un support non négligeable.

En ce qui me concerne, il n'y a pas de religiosité dans mes communications, du moins pas telle qu'on la conçoit. Je suis catholique et baptisée, mais très vite j'ai abandonné la pratique de cette religion que je respecte mais à laquelle je n'adhère plus. N'allez pas voir là les effets du Malin ! Je souris en disant cela, car l'Église ne voit pas d'un bon œil ceux qui prétendent communiquer avec les autres mondes, même si elle reconnaît que les saints le faisaient, luttant contre le « démon » dans leur intimité tumultueuse, lorsqu'elle n'était pas extatique. Je respecte toutes les religions qui sont une belle façon de cohabiter dans la paix et le respect mutuel… lorsqu'elles sont utilisées comme moyen et non comme but d'hégémonie.

Mes communications ne sont jamais religieuses, sauf lorsqu'il me faut aider une entité qui est enfermée dans ce genre de croyance.

J'ai parlé maintes fois de tout cela dans mes précédents ouvrages, mais il est bon de le rappeler car tant de préjugés, confusions et mauvaises interprétations défilent lors des échanges avec les croyants.

Le thème du « Mal » revient fréquemment. On me demande souvent si je n'ai pas peur, si le diable existe...

J'ai eu peur parfois, même si cette peur n'est pas la meilleure des alliées, car avec la peur nous ouvrons une faille de vulnérabilité, et il vaut mieux arrêter les investigations. Quant au diable, j'en ai eu quelques échos, ceux que nous portons en nous, et ceux formés par les pensées de groupe qui deviennent autonomes et puissantes.

Le « diable » est une énergie résultant d'une souffrance passée, présente et à venir.

Passée, car nous naissons dans un corps choisi par nous en fonction de ceux avec lesquels nous voulons évoluer dans l'entourage familial, qu'ils soient merveilleux ou désastreux, donc en fonction d'un facteur généalogique, d'un facteur génétique. Nous choisissons le corps adéquat à notre mission, qui nous portera à travers ce destin que nous activons à chaque pas, avec beaucoup de liberté dans nos actions et quelques obligations néanmoins. Nous l'incarnons avec une âme qui a déjà vécu et éprouvé maintes joies et souffrances en des circonstances qui demeurent obscures, car nous n'en avons pas le souvenir.

Parler de réincarnation systématique serait restrictif, car nos existences ne sont pas uniquement liées à notre plan terrestre – et je ne parle pas là d'autres planètes mais bien d'autres dimensions.

Nous pouvons retrouver le sens de cette mission que nous avons choisi de vivre en nous connectant à notre conscience. Et quand j'utilise le terme de « mission », je ne veux pas exprimer le fait que nous ayons forcément choisi de vivre de grands combats ou des destinées héroïques. Vivre d'une manière simple et juste est une déjà grande mission.

On nous demande sans cesse d'aimer, et nous ne comprenons pas toujours le sens de cette phrase, dans un monde où l'amour devient rare et précieux. Nous activons l'ange ou le diable qui est en nous pour arriver à nos fins. C'est ce diable-là que nous redoutons chez les autres et chez les âmes désincarnées en souffrance. Ce diable-là est l'ennemi juré de l'amour.

L'amour est une énergie positive qui nous soigne et nous porte. La haine en est la distorsion. Le négatif. L'amour est le versant ascendant de la montagne ; la haine, la descente. Or il est plus difficile d'apprendre à aimer, donc de grimper le versant, que de se laisser porter par ses bas instincts, donc de descendre. Ces bas instincts réapparaissent dès qu'il n'y a pas eu apprentissage des garde-fous de l'amour que sont le respect et la bienveillance.

Toute entité qui devient nocive et en souffrance a cruellement manqué d'amour durant son existence, que ce soit pendant une longue période ou à un instant qui s'est révélé traumatisant. Un seul instant suffit à marquer l'éternité.

Ce n'est pas le cas pour tout le monde, heureusement.

Il existe beaucoup de belles personnes, bienveillantes et bénéfiques, qui quittent ce monde dans cet état d'esprit et accèdent à une dimension vibrant de la même manière.

Par bonheur pour les autres, rien n'est définitif, et il suffit d'une impulsion d'aide extérieure pour les faire évoluer, sauf pour certaines informations imprégnées dans la matière qui deviennent des mémoires radotantes dont on ne peut se libérer.

*

Je comprends le désespoir de ceux qui tombent malades, qui perdent leur travail, qui ne savent pas où ils en sont, qui veulent parler avec leurs morts, mais il me faut être sincère et honnête avec eux et moi-même : je ne peux faire que ce que je peux.

Ce qui m'a amenée à m'intéresser aux maisons et à leurs habitants n'est pas tant le nombre de demandes que je reçois de personnes qui me pressent d'intervenir pour tenter de résoudre des problèmes qui perturbent leur vie : c'est le manque de sérieux de ceux qui désirent « nettoyer » les maisons à problèmes sans tenter d'en comprendre le souci. Je le répète : ces nettoyages peuvent sans doute éloigner certaines entités et réduire les miasmes, mais une véritable hantise demande d'autres processus.

Il faut d'abord comprendre ce qui se passe dans ces demeures qui font vivre un enfer à leurs habitants, suscitent non seulement la terreur, mais souvent des changements de comportement incompréhensibles, des maux divers, des dépressions. Puis il faut essayer, par des interventions adaptées à chaque cas, de comprendre l'attitude de l'esprit perturbateur.

Cela dit, parfois, il n'y a pas de fantômes, mais des lieux ou des objets maléfiques, porteurs de mémoires négatives et d'énergies polluantes.

Et souvent, même, il n'y a pas de « hantise », mais simplement des « présences » dénuées de toute mauvaise intention. Et là, vous auriez tort d'avoir peur : elles ne vous veulent la plupart du temps que du bien. Tous les lieux sont habités. Nous ne sommes jamais seuls.

J'ai mis des années à récolter toutes ces certitudes, et c'est pourquoi j'ai souhaité, dans ce domaine, vous faire partager quelques-unes de mes expériences.

Patricia DARRÉ

– 1 –

UN CHÂTEAU DEVENU INVIVABLE

Ce matin-là, je n'avais pas envie de me lever. C'était un de ces samedis où, n'ayant pas à partir travailler, je traîne sous la couette, l'ordinateur à portée de main, au cas où, pour parfaire ce délicieux farniente, l'idée de visionner un film me viendrait à l'esprit. Je regarde alors les images sans les regarder, laissant mon esprit vagabonder, décompresser, voleter d'une pensée à une autre.

Ce jour-là, je choisis de revoir pour la énième fois *La Maison du diable*, un film de Robert Wise, que j'ai découvert lorsque j'avais dix ans et qui, à l'époque, m'avait terrifiée.

Il raconte l'histoire de quelques volontaires, choisis par un chercheur en parapsychologie parmi des profils psychologiques très différents, pour habiter quelques jours un château hanté. Réalisé avec une très grande sobriété, il se termine dramatiquement par la mort de la fantastique Julie Harris dont on ne sait si elle est la victime de son propre délire ou du lieu dont elle subit l'emprise.

Je sommeille donc avec la voix de Julie Harris dans les oreilles, qui martèle ces mots : « Je veux rester ici, je veux rester ici pour toujours, je n'aurai plus jamais peur, je ne serai plus jamais seule. »

En entrouvrant les paupières, je la vois danser dans un couloir lugubre, mi-folle, mi-possédée, lorsque tout à coup le signal de mon téléphone me fait sursauter.

La réalité me rappelle à l'ordre avec l'arrivée d'un SMS, et je crois un instant avoir la berlue en lisant les quelques mots qui s'affichent.

« Ce château vous veut, ce château vous appelle. Venez. »

Je reste interdite, surprise par cette synchronicité entre ce qui me parvient et le film que j'étais en train de regarder.

Qui m'envoie ce SMS ? Je ne le sais pas car le numéro de l'expéditeur ne fait pas partie du répertoire de mon téléphone, je cherche donc s'il y a déjà eu échange avec la personne qui m'écrit et à quand cela remonte.

Je retrouve un SMS datant de huit mois signé Bérangère.

Cela me revient, je me souviens parfaitement de cette Bérangère, venue me rencontrer lors d'une séance de dédicace à Châteauroux quelques mois plus tôt, accompagnée de son mari. Ils m'avaient rapidement confié qu'ils étaient gardiens d'un château dans le Poitou, et que depuis plusieurs années leur vie était devenue difficile à cause de manifestations étranges, qu'ils ne m'avaient pas détaillées mais qui apparemment les perturbaient. Ils m'avaient demandé s'il m'était possible de venir voir ce qui se passait et comme j'avais senti, lors de ce bref entretien, que l'affaire était troublante, je leur avais promis de faire le nécessaire. Mais le temps et mes activités en avaient décidé autrement.

Je cherche sur mon téléphone si j'ai reçu d'autres messages de Bérangère et j'en retrouve deux, sans doute envoyés ultérieurement et qui s'étaient perdus dans le flot de demandes d'aides auxquelles je ne peux pas toujours répondre. Bérangère et son mari m'y demandent encore d'intervenir au plus vite.

Aujourd'hui, c'est donc le troisième. Un peu confuse, je réponds aussitôt à cette Bérangère pour lui demander ce qui se passe, et pourquoi elle m'a envoyé ce mystérieux SMS : « Ce château vous veut, ce château vous appelle. Venez. »

Elle répond quelques minutes plus tard qu'elle ne m'a jamais envoyé de texto, et rien que de penser qu'une main invisible l'a fait pour elle, elle semble terrifiée mais hélas pas surprise « vu tout ce qui se passe ici », précise-t-elle, ajoutant : « Ce château est un enfer ! »

*

Ce n'est pas la première fois que je vois des instruments technologiques, tels qu'un téléphone, être utilisés d'une manière inexplicable par des forces qui le sont tout autant. Et ce n'est pas moi qui ai découvert ce phénomène, mais le Suédois Friedrich Jürgenson, un peintre et cinéaste qui, en juin 1959, alors qu'il réécoutait un enregistrement de chants d'oiseaux, crut entendre une voix parlant en norvégien. Il pensa d'abord à une interférence radiophonique, puis il se rendit compte qu'il n'y avait pas d'émetteur là où l'enregistrement avait été réalisé.

Il fit d'autres enregistrements et capta d'autres voix, dont celle de sa mère défunte. Il décida alors de transcrire ces messages, venant de parents ou amis décédés, et il les rassembla dans un ouvrage publié en 1964, *Voices from Space*.

Ainsi naquit ce qu'on allait appeler la « transcommunication instrumentale », qui consiste à capter des voix venues d'ailleurs sur bande magnétique, ordinateur et même, plus tard, des images sur écran télé.

Les énergies utilisées par les entités qui envoient ces messages sont celles du destinataire et de son environnement. La matérialisation est possible, en effet, si l'entité se sert de tout ce qui irradie autour de nous : chaque atome de notre corps, chaque fibre de nos vêtements, chaque plante, animal de compagnie, et autres sources énergétiques les plus improbables deviennent des forces utiles. Il faut beaucoup d'énergie pour matérialiser ce type de message, et il est évident que la sensibilité de celui qui le reçoit intervient également.

*

Je suis convaincue que le SMS que je viens de recevoir n'est pas de Bérangère. Pourquoi ? Parce que c'est toujours pareil lorsque quelque chose s'impose à moi. Un ressenti profond, une certitude, et souvent le sentiment d'une urgence qui s'impose. Là, par exemple, je sais que c'est aujourd'hui qu'il faut aller voir ce qui se passe dans ce château. D'ailleurs, je suis sûre que je ne pourrais rien faire d'autre, la mission est devenue obsessionnelle quoi que je décide. J'ai une heure et demie de trajet, il n'y a pas de temps à perdre.

Sur la route, en traversant les villages et en croisant leurs habitants sur les trottoirs, je me dis qu'ils sont sans doute loin de mes préoccupations du moment. Il n'y a guère de place pour le paranormal dans notre quotidien, et pourtant, bien souvent, les problèmes du monde visible naissent dans l'invisible.

Le trajet m'a semblé court lorsque j'arrive dans la cour du château. Elle est là, la forteresse isolée, campée sur ses dix siècles et dont les fenêtres sont devenues des yeux.

Je ne peux réprimer un frisson.

La lumière hivernale décline, rendant l'atmosphère plus troublante. Je continue sur le chemin menant à la petite maison des gardiens. Ils m'ont entendue arriver, car Bérangère et son époux Rémi m'attendent devant la porte.

Rémi est presque gêné par le motif de ma visite, quant à Bérangère, je la sens anxieuse et à bout de nerfs.

– Je suis contente de vous voir, me dit-elle.

La première impression que j'ai, c'est qu'ils sont prisonniers.

Ils sont isolés du village, et doivent garder une propriété qui les a enfermés. Une de ces demeures qui vous retiennent comme une monnaie d'échange, mais on ne sait contre quoi. Vous devenez leur esclave, elles anéantissent vos désirs et vos envies, et toute rébellion est vaine, car elles vous veulent pour payer le prix de leurs mémoires et de leurs fantômes.

Nous décidons d'aller « visiter » le château en empruntant le sentier à travers les arbres. J'en profite pour poser quelques questions et essayer de comprendre ce qui se passe.

Depuis que Bérangère est arrivée ici après avoir épousé Rémi, il y a quelques années, elle a senti immédiatement l'adversité. Rémi était déjà gardien de la propriété, et il semblerait qu'à l'époque il n'ait rien ressenti de bizarre dans ce lieu. Mais Bérangère est une jeune femme sensible, qui me paraît avoir eu un passé douloureux, ce qui rend ses antennes très affûtées pour capter toute forme d'oppression et de manipulation. Il n'y a jamais un grand fossé entre la douleur psychologique et les phénomènes de hantise. Dans bien des cas, même, c'est un excellent révélateur.

Bérangère m'explique que chaque matin elle doit aller ouvrir les volets de la demeure, et qu'elle y entend des ricanements et des pas dans l'escalier. On court même dans les couloirs. Elle se dépêche d'en sortir, toujours terrifiée.

Rémi lui aussi, désormais, lorsqu'il travaille dans le parc, constate des phénomènes étranges. Il entend des cris dans le château, qui n'est pourtant pas habité. Un homme en colère crie et des enfants pleurent. Ils ont fini par s'habituer à ce quotidien angoissant, sans pouvoir en parler à personne. Qui les croirait ? On se moquerait d'eux, ils seraient la risée du village.

Leur petite maison de gardien est à une cinquantaine de mètres du château. Apparemment, là non plus on ne les laisse pas tranquilles.

Plutôt silencieux, rationnel et terre à terre, Rémi m'avoue qu'au début de leur mariage il pensait que Bérangère exagérait, mais il a dû se rendre à l'évidence : ils ne vivaient pas seuls.

– Souvent, lorsque je rentre le soir, me dit-il, j'entends la voix de Bérengère depuis la cuisine. « C'est toi Rémi ? » Je lui réponds avant de me rendre compte qu'elle n'est pas là. Elle est allée faire des courses et je suis seul avec les voix.

Les voix.

On ne sait pas à qui elles appartiennent, mais leur capacité d'imitation de telle ou telle personne est parfaite. Elles s'amusent. Elles se moquent. Bérangère reconnaît être appelée plusieurs fois par jour par une voix d'homme.

Au début, Rémi ne voulait rien entendre de ces histoires de fantômes, de « revenants » dont lui parlait sa femme. Ces fables à dormir debout, il n'y croyait pas. Cela a engendré des disputes, des silences, des bouderies interminables, puis des colères, des attitudes agressives…

– Nous en sommes venus aux mains. Elle devenait folle, je devenais fou, je ne la reconnaissais plus.

– J'ai fini par consulter, m'avoue Bérangère. Le médecin m'a diagnostiqué une belle dépression. J'ai tenté de prendre des médicaments, mais cela ne s'est pas arrangé.

– Le fait est que moi aussi j'ai commencé à entendre des choses, à avoir des problèmes. De toute sorte. C'est comme si on se noyait tous les deux.

– En avez-vous parlé aux propriétaires ?

– Non ! Comment le pourrions-nous sans risquer d'être pris pour des fous et de perdre notre place ? Nous avons bien essayé de nous en ouvrir à des amis, mais ils ne nous ont pas pris au sérieux. Alors…

– Vous n'avez pas tenté de faire intervenir des médiums ?

– Si. Deux. Mais rien n'a changé, et puis il fallait sans cesse redonner de l'argent…

– Les propriétaires viennent-ils souvent ?

– De temps en temps, pour les vacances. Mais au bout de quarante-huit heures, ils changent.

– Ils changent ?

– Oui, dit Rémi, c'est vrai, ils changent de caractère et d'attitude. Ils arrivent charmants, et au bout de deux jours, lui devient bizarre et elle crie pour un oui ou pour un non.

– Elle crie ?

– C'est exact, renchérit Bérangère. Elle si distinguée, si discrète, se met à hurler pour un rien tout au long de la journée. D'ailleurs, ils deviennent si négatifs qu'ils repartent toujours plus tôt que prévu.

Nous arrivons à la porte du château.

Le froid, l'obscurité et l'humidité ambiants sont des conditions très favorables pour voir des manifestations se produire. Comme je l'explique souvent, les matérialisations se développent mieux dans des lieux où filtre peu de lumière, où l'atmosphère est glaciale ; d'ailleurs tous ceux qui témoignent d'apparitions fantomatiques racontent l'abaissement de la température, et parlent d'un taux d'humidité très élevé (l'eau est conductrice d'électricité, or les matérialisations sont des manifestations électromagnétiques).

Bérangère ouvre la lourde porte sculptée, éteint les alarmes, et me dit :

– Nous y voilà !

Déjà mon plexus solaire se bloque en pénétrant dans le hall d'entrée.

– C'est lourd, dis-je, surprise de proférer cette phrase toute faite que je reproche aux trois quarts des médiums, parce que ça veut tout et rien dire à la fois.

Cherchons donc à être plus précis.

Je ressens une énergie assez puissante, les termes de « matière psychique » s'y accorderaient assez bien. Freud parlait de matière psychique lorsqu'il définissait l'entité créée par le groupe. Une espèce d'énergie intelligente qui ne dépend pas d'un seul individu mais d'un ensemble de personnes. Ma première sensation est celle-là.

Ce château est exagérément lugubre. Mobilier, lumières, ambiance, il pourrait sans retouches servir de décor à un film d'horreur. Ses couloirs en enfilade et ses éclairages irréguliers, blafards, soulignent les ombres qui s'y projettent.

Nous restons silencieux pendant que je m'imprègne de tout cela, lorsque tout à coup un cri retentit.

Cela vient de l'étage du dessus.

Je regarde mes hôtes effarée, afin d'être sûre qu'ils ont entendu la même chose que moi.

Rémi ne dit mot, il fait juste un geste et une moue signifiant : « Je vous l'avais bien dit ! »

Des bruits audibles de tous. C'est rare…

D'habitude, dans de telles circonstances, il n'y a qu'une personne qui entend ou voit. Ce qui rend sa position très inconfortable, car elle se sent très vite vulnérable et surtout marginalisée par le reste du groupe, ou de la famille, lorsqu'elle ose en parler.

Bérangère confirme à voix basse, car nous sommes bizarrement tentés de chuchoter, ce que Rémi avait juste pensé :

– Je vous l'avais bien dit !

Ce qui m'étonne également, c'est la rapidité des manifestations.

Elle n'attendait que cela, avoir un peu d'énergie extérieure à se mettre sous la dent, cette maison !

Elle utilise notre énergie sans aucun doute, mais pas que ça : la manière dont la demeure a été conçue, avec ses angles étranges et ses lignes labyrinthiques, doit activer des ondes de forme. Toute forme, géométrique ou pas, émet une onde, énergie parfois suffisante pour déchaîner bruits parasites et bugs informatiques dans certaines maisons construites par des architectes peu scrupuleux.

Ces ondes de forme étaient autrefois créées dans certaines habitations dans un but bénéfique, pour diffuser une force censée protéger les occupants. Mais parfois cette force émettait une onde non calculée qui, alliée au souterrain, ses failles, ses cours d'eau et ses émissions de gaz, devenait dangereuse voire mortelle.

De là sont nées les légendes des maisons maudites, moins à cause des mémoires engrangées qu'à cause de leurs disharmonies architecturales.

Nous montons le froid escalier de pierre, je me sens envahie d'informations de toutes sortes, mais pour l'instant, rien n'est vraiment clair. Je pourrais me comparer à un ordinateur en train de faire une mise à jour. Des sensations se superposent sans qu'aucune ne se détache vraiment. Je prends garde à ne pas les interpréter, car je sais que c'est le point faible des médiums en général, qui se font un film de la moindre impression. Je sais que seul ce qui s'imposera dans le résultat final de cette « mise à jour » sera à prendre en considération. Je ressens la présence de plusieurs esprits. Jusque-là, rien de bien étonnant, mais ce qui me trouble, c'est que je les sens dépendants de l'un d'eux.

Ils n'appartiennent pas aux mêmes époques, et surtout, ils sont bloqués, non par leur propre volonté, mais retenus en otage, c'est cela, ils sont prisonniers.

J'ai dû exprimer haut et fort ma pensée car Bérengère me regarde et me demande :

– Qui est prisonnier ?

– Je ne sais pas, dis-je d'abord.

Mais voilà que je continue de parler en détachant bien chaque mot que je prononce, comme si je traduisais une information visuelle.

– Ils sont dix-sept, il y a dix-sept prisonniers ici.

– De qui ? ose Rémi, sur ses gardes.

– D'un homme très en colère… C'est un soldat… Il semble avoir été trahi.

Rémi m'explique alors que cette forteresse a longtemps abrité des garnisons de soldats, surtout pendant les conflits de la guerre de Cent Ans.

– C'est bien loin tout ça… remarque-t-il, songeur.

Je me laisse guider par mon « radar » intérieur, qui m'entraîne le long de ces interminables couloirs.

– Comment fait-on pour retrouver son chemin dans ce dédale ?

Bérangère sourit, malicieuse.

– Souvent, les artisans qui viennent faire des travaux s'y perdent et nous appellent par téléphone pour qu'on vienne les récupérer ! me confirme-t-elle.

Je suis attirée par une porte, alors qu'elles sont toutes identiques.

– Peut-on entrer dans cette pièce ? C'est une chambre ?

– Oui, me répond Bérangère en ouvrant la porte. C'est celle de l'un des propriétaires de la fin du XIXe siècle. Je ne serais pas surprise que tout parte de là.

– Pourquoi ?

– Parce que le bruit court que c'était un homme méchant, très dur. J'ai toujours pensé qu'il était à la base de tous ces tracas.

La logique de l'au-delà n'est pas la nôtre. On imagine un homme méchant en enfer et un être gentil au paradis. C'est trop simpliste pour fonctionner de la sorte. L'enfer ou le paradis ne sont que le fruit du jugement que nous portons sur nous-mêmes. Notre âme est bien différente de notre mental, elle est l'essence de notre être et détient notre vérité. Nous sommes hélas loin de connaître le contenu de cette vérité, car nous passons notre vie à nous raconter des histoires, à nier nos capacités et nos véritables pensées, au lieu d'essayer de comprendre et d'évoluer pour trouver la sérénité.

Nous nous enfermons dans des dogmes et des rituels en imaginant qu'ils vont nous rendre meilleurs, soulager nos consciences, mais bien souvent nous suivons ces voies sans essayer de remettre en question les pensées qui nous tourmentent. Nous les couvrons d'un joli voile au lieu d'essayer d'en saisir le fil pour aller à l'essence des choses.

On ne peut pas mentir à l'âme, et celle-ci nous rattrape bien souvent, en nous imposant, soit par les maux de l'esprit soit par ceux du corps, de faire la lumière en nous-mêmes.

Les phénomènes de hantise ne dérogent pas à ce mécanisme si humain. Un fantôme est un être qui nie sa mort parce qu'il s'est enfermé dans ses propres mensonges et que, torturé par la peur et la solitude, il appelle, tout comme nous le faisons lorsque nous sommes au bout du rouleau, une âme secourable qui pourrait l'aider à trouver la lumière en lui.

– C'est bien lui, n'est-ce pas ? me demande Bérangère, me voyant plongée dans mes réflexions.

– Non, Bérangère. Il était sans doute dur et méprisant, mais ce n'est pas lui la cause de tout cela. Il n'avait pas cette haine que je ressens.

Les sentiments ressentis au-delà de notre monde sont exacerbés. Une haine est multipliée, ainsi qu'une tristesse ou une peur. Ce qui est vrai pour ce qui est négatif l'est tout autant pour ce qui est positif, il n'y a pas de neutralité. Lorsque je capte un défunt, avant de dire s'il s'agit d'un homme ou d'une femme, je capte un sentiment, puis se dessinent l'homme, la femme et le caractère.

– Il n'est même pas dans cette chambre, où il est pourtant mort, dis-je.

Et, tout en continuant de fixer le portrait de cet homme sur un des murs de la chambre, j'ajoute :

– Il est quelque part avec les autres, bloqué ici.

– Mais qui vous dit qu'ils sont dix-sept ? s'étonne Rémi.

– Je ne peux pas vous répondre mais je le sais.

L'atmosphère continue de s'épaissir, on a froid, et on respire mal. Il fait nuit dehors, et les lumières falotes du couloir ne sont guère encourageantes. Nous sortons de la chambre et reprenons notre déambulation tels les aveugles du tableau de Bruegel, accrochés l'un à l'autre en direction d'un péril invisible.

Un autre cri semble venir du troisième étage.

Plus j'avance, plus je ressens les cris que nous entendons tous les trois, et d'autres que je perçois d'une manière plus subtile, par des capteurs mystérieux, des cris et des protestations de colère. La demeure est en colère. Elle hurle.

Au troisième étage, j'avise une porte au bout de l'interminable couloir.

– C'est là-bas, dis-je.

– La porte est fermée à clé, cette chambre a été condamnée.

– Par qui ?

– Par le propriétaire, dit Bérengère. Mais ça fait longtemps ! Il paraît qu'il y a vu un truc bizarre. Depuis, il ne veut plus qu'on y entre.

– Vous avez la clé ?

– Bien sûr !

– Vous pouvez ouvrir ?

– Certainement !

Je sens une certaine nervosité dans ses gestes, d'ailleurs Rémi et elle se gardent bien d'entrer dans la pièce.

L'atmosphère est à couper au couteau. Le manque d'aération. Et cette lourdeur…

J'entends des sortes de chuchotements provenant du cabinet de toilette.

Je me retourne vers les gardiens.

– Vous entendez ?

Ils acquiescent d'un signe de tête, et je lis l'inquiétude dans leurs regards. J'ouvre tout doucement la porte.

La scène que je vois m'est imposée par mes yeux « de l'intérieur », elle m'apparaît floue, en deux dimensions, un peu comme une carte postale qui serait animée.

Il y a là des enfants, approximativement âgés de deux à dix ans. Ils sont réunis et a priori se voient, ce qui me paraît pourtant peu probable étant donné qu'ils appartiennent à des époques différentes. Certains jouent à terre, certains sont debout.

Le décor n'est plus celui d'un cabinet de toilette, mais d'une geôle, sinistre et sale. Les enfants sont blêmes et sans vie mais s'amusent ensemble. Une fillette coiffe un plus petit. Ils sont tous assis à même le sol, et ne me voient pas. Au cours des siècles passés ces enfants sont morts dans ce lieu, et au moment de partir, telles certaines autres âmes ici, ils ont été retenus comme monnaie d'échange, dans l'attente du jour où quelqu'un viendrait négocier.

Qui, au cours des siècles, a été informé de cette réalité ? Qui a tenté une communication avec ces défunts ? Il est probable que Bérangère et Rémi ne sont pas les premiers à sentir ces présences, que d'autres, avant eux, en ont déjà fait l'expérience, et n'ont pu s'en ouvrir à personne.

Je suis extrêmement troublée par cette vision, et lorsque je referme la porte, le sentiment de tristesse que j'éprouve est tellement fort que je suis obligée d'expliquer à mes hôtes que mes larmes sont irrépressibles, et qu'il ne faut pas s'inquiéter.

Les médiums sont soumis à quantité d'impressions et de sensations qui s'impriment en eux si fortement qu'il leur est difficile de ne pas les exprimer. Il est évident qu'après des expériences de la sorte ils sont vidés, épuisés.

Pour ma part, ma tristesse est d'autant plus grande que ce qui est vrai pour les enfants l'est pareillement pour les adultes otages de ce château. Une dizaine d'hommes et de femmes trépassés sont retenus quelque part dans ce lieu, je le sens, je le sais, dans une cellule sordide transformée dans notre dimension en une chambre au mobilier austère.

On parle très souvent des défunts comme d'êtres dématérialisés, ce qui n'est pas tout à fait juste, « rematérialisés différemment » serait plus exact. Ils sont plus invisibles qu'immatériels, car il est fréquent pour les gens les plus sensibles de ressentir leur souffle ou même leurs gestes. Certains observateurs se sont sentis touchés, caressés voire parfois agressés. Il y a donc une dimension transitoire où la matérialisation est possible. J'ai appris par mes différents contacts avec l'autre monde que la matérialisation ne disparaît jamais, mais reste juste différente et parfois perceptible.

J'en déduis que chaque fois qu'un enfant décédait aux abords du château, il ne partait pas vers la lumière mais restait prisonnier, et qu'il en est de même pour les adultes, retenus par une âme si puissante qu'elle parvient à imposer ses lois aux morts comme aux vivants.

Je referme la porte, bouleversée.

Avant cette expérience, j'ignorais qu'un esprit pouvait retenir des défunts en otage. C'est une découverte qui démontre que dans cette autre dimension transitoire – puisqu'il s'agit a priori d'un esprit qui n'a pas trouvé la lumière – on peut agir comme on peut le faire de son vivant et s'inventer les mêmes moyens.

Bérangère constate ma tristesse et me demande :

– Vous ne pouvez pas les faire partir ?

– Non. Pas avant d'avoir compris et dénoué ce qui se passe ici.

Un claquement de porte nous attire au deuxième étage, et nous incite à prendre la direction de la chambre d'où proviennent des bruits de raclement.

Après être restés un moment sur le pas de la porte, et nous être regardés, nous entrons dans la pièce où l'atmosphère est chargée, quasi irrespirable. Il est difficile de définir l'oppression engendrée par une présence paranormale négative. Je ressens la proximité d'une force qui m'empêche de me concentrer. Je me sens déstabilisée physiquement, vulnérable et quasi chancelante. Bérangère semble bouleversée.

Un fracas se fait entendre dans la salle de bains attenante.

– Pourquoi encore la salle de bains ? chuchote Rémi.

Je lui explique brièvement que la salle de bains est un lieu où se trouve un point d'eau, et que cette eau, on le sait, est conductrice d'électricité, de toute source électromagnétique, et donc facilite les matérialisations. Un autre fracas, encore plus fort, nous fait sursauter.

J'avance vers la salle de bains et, au moment où je tourne la poignée de la porte, des hurlements emplissent ma tête.

Il est difficile de décrire les voix et les cris que l'on peut entendre à l'intérieur de sa propre tête. Pour un médium, c'est chose courante, puisque la communication passe par là, mais il arrive que ces manifestations soient difficilement supportables.

Je ressens à ce moment précis de la colère et de la rage.

Je me tiens la tête entre les mains, j'essaie de me boucher les oreilles par un réflexe inutile en pareille circonstance, car les hurlements sont à l'intérieur de moi.

Quand la porte s'ouvre, je vois distinctement se former devant moi la silhouette d'un homme. D'abord les contours, puis je le vois en trois dimensions, avec ses vêtements en lambeaux. Son visage est salement balafré, sa cotte de mailles est déchirée, ainsi que sa chemise.

Il me voit puisqu'il me regarde.

– À genoux !

– …

– À genoux ! Comment oses-tu ?

Je tombe à genoux devant un mur pour Bérangère et Rémi, mais pour moi devant un quidam sorti d'un temps lointain, sans doute le Moyen Âge, avec sa tête hirsute et sa tenue déchiquetée.

C'est donc lui le seigneur des lieux, la terreur du château. Mais qui est-il ?

Je n'ai pas envie de le lui demander, pas vraiment l'opportunité, trop pressée que je suis de vouloir sortir de là pour faire cesser ces cris dans ma tête.

Bérangère et Rémi me regardent apeurés.

– Que se passe-t-il, Patricia ? Ça va ?

– Ça va aller mais j'ai besoin de récupérer.

Je leur raconte ce que j'ai vu. Ils sont étonnés que le personnage appartienne au Moyen Âge.

– Il est là depuis si longtemps ?

– Le temps n'existe pas en des lieux comme celui-ci, leur expliqué-je. Imaginez le nombre de personnes qui sont passées par là depuis la construction de la forteresse. Mais ce personnage a eu une importance dans son histoire. Il faut savoir pourquoi il est en colère.

– Ça ne va pas être facile, réplique Rémi. Comment faire ?

– Je ne sais pas encore. Je vous propose de sortir d'ici et d'aller chez vous pour en parler.

*

Il n'était pas évident de redescendre les deux étages dans l'ambiance pesante ponctuée de bruits indistincts venant de tous les côtés à la fois. Cette descente nous a semblé une éternité.

Enfin sortie de la forteresse, je me sens soulagée d'être à l'extérieur, dans la nuit pourtant froide et épaisse. C'est un comble ! J'ai faim, j'ai soif, j'ai la tête qui tourne et une bonne tasse de thé est le baume auquel j'aspire du plus profond de mon être.

Attablés dans le petit salon douillet de la maison des gardiens, nous reprenons goût à cette réalité chaleureuse.

Rémi fouille dans un tiroir.

– Je crois bien avoir un truc sur l'histoire du château. Attendez voir…

Bérangère est assise sur le divan. Anxieuse et plutôt secouée, les mains serrées sur ses genoux.

– Tiens, voilà ! C'est ça.

Ce sont quelques feuillets. Rémi me les tend.

Je commence ma lecture, survolant les généralités qui concernent la construction de la forteresse, son style et ses remaniements. Tout à coup des noms apparaissent, inconnus pour la plupart, sauf celui de du Guesclin qui fut l'un des propriétaires.

– Du Guesclin ? lance Rémi en me questionnant du regard.

Je devine qu'il pense que c'est le célèbre chevalier de la guerre de Cent Ans qui fait tout ce raffut dans le château. Je lui réponds « NON » sans hésiter, et pourtant quelque chose en moi me dit qu'il est concerné par cette affaire.

Je lis chaque nom à haute voix, essayant de capter une sensation de confirmation.

Et soudain, mon cœur se met à battre très fort à la lecture du nom de Jean de K. Je le prononce à nouveau, haut et fort, et sûre de moi je dis :

– C'est lui !

Bérangère se précipite pour essayer de voir ce que j'ai lu.

Elle reste muette, comme un peu déçue que ce ne soit pas celui auquel elle avait pensé.

– C'est un inconnu…

Je souris, amusée.

– Eh oui ! Il n'y a pas que des célébrités qui hantent les maisons et châteaux, vous savez !

Beaucoup de demeures, beaucoup de lieux sont traversés par des esprits, des défunts en quête d'une paix, d'une vérité égarée. Celui-ci a certainement quelque chose à nous dire.

– La guerre de Cent Ans, c'est si long, regrette Rémi. Il y en a eu des massacres et des atrocités par ici. Un coup les villes étaient aux Anglais, un coup, aux Français. Comment retrouver notre homme dans tout ça ?

– Je sais. Mais dans ce cas précis, je pense que « notre homme », comme vous dites, a eu un gros problème. Il le crie, essaie de se faire entendre et garde des otages pour appuyer sa requête. Et cette requête, personne n'a su la déchiffrer jusqu'à présent. À nous de le faire.

Rémi a repris en main la brochure qui retrace l'histoire du château et résume à haute voix :

– Le château aurait appartenu à du Guesclin, avant d'être pris par les Anglais. Puis de nouveau du Guesclin l'occupe et en fait cadeau à Jean de K. pour sa bravoure. Jean de K., le voilà ! Mais il n'y a pas grand-chose sur lui. Sauf qu'il meurt lors d'un combat et voilà le château de nouveau aux mains de du Guesclin.

J'interromps Rémi qui me semble aller un peu vite.

– C'est ce qui nous intéresse, voyons voir...

Et je lui emprunte le document pour en savoir plus sur la bataille où le preux chevalier trouva la mort.

« La bataille de Niort en 1370, menée par le connétable du Guesclin qui, soumis au budget restreint d'un roi avare, dut reprendre les villes aux mains des Anglais en utilisant des subterfuges et une poignée d'hommes. C'est le cas pour Niort. Ils étaient quelques centaines, vêtus comme les Anglais pour tromper ceux-ci. »

J'essaie de clarifier la situation et explique à Rémi :

– La ruse va offrir à du Guesclin une victoire facile, puisque c'est l'ennemi lui-même qui, voyant des (faux) Anglais arriver, leur ouvre les portes de la ville ! Mais c'est là que meurt Jean de K. et c'est sans doute à ce propos qu'il veut nous dire quelque chose. L'homme que j'ai vu est en tenue de combat. Il est blessé et en lambeaux. Il est donc encore dans l'instant de la bataille. On le dit mort victorieux mais lui a certainement vécu une autre réalité.

– Comment pouvez-vous supposer tout cela ? me demande Bérangère, dubitative.

– Je ne peux pas vous l'expliquer, Bérangère. Le problème avec la médiumnité, c'est qu'on ne fonctionne que sur des ressentis. Après, bien sûr, il faut confirmer ces ressentis par des preuves.

– Et comment on les aura, ces preuves ? demande à son tour Rémi, guère plus convaincu que sa compagne.

– Oh, c'est très simple ! dis-je en souriant. Si je ne me trompe pas, les manifestations cesseront dans le château. Si je me plante, rien ne changera. Seul le résultat est la réponse au problème posé.

Bérangère me demande si je veux dormir au château, et je dois admettre que cette fois ce n'est pas la peine, car il me faut décanter toutes les informations reçues en si peu de temps. Je sais que je suis guidée et que le temps, qui est bien sûr différent d'une dimension à l'autre, nous amène au dénouement de cette histoire.

Je vais donc reprendre la route. Je suis fatiguée et excitée. Je ne me suis jamais posé la question de la quantité d'énergie vitale qu'un médium pouvait perdre en pareille investigation, mais je sens bien que je suis physiquement affaiblie. Un bon repas et une bonne nuit seront salutaires.

Je sais qu'il n'y aura aucune interruption dans mon enquête : même quand je serai à la maison, tout va continuer, car une fois que je me suis mise en contact avec un problème paranormal, c'est comme si je le transportais.

L'esprit ne dépend ni de l'espace ni du temps et peut sans cesse communiquer, prendre conscience, donner et recevoir, même inconsciemment.

*

Arrivée chez moi, je reprends ma vie, je m'occupe de mon fils, des animaux de la maison, je fais chauffer mon repas et je dois dire que cet enracinement dans un quotidien si pragmatique, si terre à terre et si différent de ce que je viens de vivre est le gage d'un équilibre que je pourrais perdre si je vivais toute la journée dans un univers de fantômes et de défunts.

J'imagine ces gens qui consultent huit heures par jour, en promettant des messages de personnes décédées. Comment font-ils, sachant que les défunts ne se connectent pas aussi facilement, qu'on ne peut être compatible avec la fréquence de tous ceux qui sont de l'autre côté, et qu'un message est quelque chose qu'on ne peut prévoir et qui arrive de manière fugace et impromptue ? Comment peut-on parvenir à le capter en « médiumnisant » à longueur de journée ? On peut avoir des flashs, des transmissions de pensée, mais on ne communique pas si facilement en direct avec l'au-delà !

En tout cas, je rends grâce à la vie de me permettre d'évoluer dans un milieu cartésien et rationnel et de ne pas m'avoir transformée en pythie perchée.

En revanche, ce qu'il faut savoir, c'est que même en faisant mes courses, en travaillant, en regardant la télé, en prenant ma douche, en mastiquant pendant mes repas, je sens cette connexion active. Pour employer une expression un peu triviale, je reste « branchée » !

Ainsi, de retour chez moi, de temps à autre, je ressens que dans l'autre dimension du château ça s'agite, ça gémit, ça avance, ça me regarde et me parle. Ce pourrait être un pur produit de mon imagination si, dans les minutes qui suivent mon ressenti, je ne recevais pas sur mon téléphone un message de Bérangère avec ces mots : « Patricia ? Ça bouge ! »

Elle aussi sent des choses, donc. Entend-elle quelque chahut aux étages de la demeure ? Sensible comme elle est, ressent-elle également cet autre côté si vivant et si agité ?

Depuis mon départ les deux gardiens avaient vécu des hauts et des bas.

Bérangère me raconta que le soir où je les avais quittés, je n'étais pas arrivée au bout du chemin qu'elle avait ressenti une très vive douleur sous l'omoplate. Une douleur si forte qu'elle lui fit penser à un coup d'épée. Bien sûr, le risque dans ce genre d'affaire est d'interpréter le moindre signe comme étant significatif d'une quelconque intervention, et il faut avant tout garder la tête froide autant que faire se peut.

La nuit suivante, ils entendirent de nombreuses voix, et leur fatigue, comme leur tension nerveuse, s'accrut considérablement.

Je les avais prévenus : si certaines forces providentielles allaient nous aider dans notre tentative de libération, les fantômes en place n'allaient pas se laisser déloger aussi facilement.

Pour ma part, dans la journée, je travaillais normalement et n'étais pas trop dérangée par l'affaire. En revanche, le soir, entre veille et sommeil, une tentative de dialogue s'instaurait entre Jean de K. et mon « autre moi », et dans cette zone hors de l'espace et du temps, cet autre moi tentait de comprendre.

Pourquoi les otages ? Pourquoi les prisonniers ?

Mais, au fond, ce château n'avait-il pas servi à cela pendant de longues années ? À faire des prisonniers qu'on échangeait à prix d'or ? Que voulait donc cette âme en échange ? Tout simplement qu'on l'entende et qu'on l'écoute. Elle avait des choses à dire.

Je parvins un soir à entendre sa voix qui disait qu'il « n'était pas un vilain, venait de Bretagne et avait appris à combattre avec courage ».

Bon, d'accord, et alors ?

Alors, la voix lâcha le mot de « dupe ». Il avait été dupé.

Là-dessus la communication s'interrompit, me laissant avec mes questions très vite noyées dans un sommeil réparateur.

Le troisième jour, je me réveille avec une sensation de légèreté. Quelque chose serait-il advenu durant ces quelques heures ? D'où me vient ce sentiment de libération, cette impression que je respire mieux, que j'ai envie de courir ?

Et soudain la réponse s'impose : les enfants ne sont plus prisonniers. Ils se sont élevés, ont pu quitter le lieu où ils étaient enfermés. Je le *sais*, même si je ne peux encore le prouver.

J'envoie un SMS à Bérangère pour prendre des nouvelles, car je sais qu'avant de retourner au château il va me falloir encore travailler à distance, et laisser les forces qui nous aident agir tout doucement.

La médiumnité est un marchepied qui permet aux âmes prisonnières des sphères inférieures de prendre l'élan pour s'élever, et aux forces des sphères supérieures de prendre appui pour tendre la main.

Je reçois un SMS de Bérangère : « Nuit d'insomnie, cauchemars, je suis en vrac, lourde, Rémi étouffe. Nous acceptons ces fatigues car nous savons que c'est pour la bonne cause. » Bérangère et Rémi sont dans le chaudron, et je suis consciente que ce doit être très difficile pour eux.

Pour moi, en revanche, le contact établi avec Jean de K. a créé une sorte de lien empathique qui a permis d'entrebâiller une porte. Ce n'est qu'un début, j'en suis consciente. Mon travail quotidien, très cartésien, me permet de me rééquilibrer, car ce genre d'aventure peut devenir obsessionnelle si l'on n'y prend garde. Depuis toutes ces années de pratique, je sais qu'il est important de penser à autre chose, voire de s'adonner à quelque activité futile pour recharger les batteries. Je sais aussi que mes nuits risquent de devenir de plus en plus agitées.

Lors de l'une de ces nuits, ce sont des images qui m'apparaissent. Des images de bataille, de remparts médiévaux, de soldats portant la croix de Saint-Georges sur la cotte de mailles. Ils se battent... Je vois des visages, j'entends des cris, des coups... Puis tout s'efface, et je m'endors.

Dans les rêves qui suivent reviennent ces images de batailles.

Une nuit, je crois reconnaître un visage. Pas celui que j'ai vu au château, mais un autre que j'ai dû voir sur des reproductions de gravures. Ce petit homme au physique ingrat, je le vois en chair et en os, un peu différent mais c'est bien lui : le connétable du Guesclin.

Le lendemain, je me réveille fatiguée.

J'appelle Bérangère qui elle non plus ne me semble pas très en forme.

– Du nouveau ?

– Non. Tout est d'un calme olympien. Jamais on n'a connu le château comme cela. Qu'est-ce que ça cache ? Le silence qui précède la tempête ?

– Je n'en sais rien. On n'a toujours pas compris l'histoire. Ce n'est sans doute pas fini.

Je lui propose de photocopier la fameuse croix de Saint-Georges et le portrait de du Guesclin en plusieurs exemplaires, et de les poser sur les chaises de la chambre où j'ai rencontré Jean de K.

– Pourquoi ? Que croyez-vous que cela puisse produire ?

– Je l'ignore, je veux juste savoir si nous sommes sur la bonne voie, et si ces images, qui peuvent jouer le rôle d'ondes de forme – c'est-à-dire émettre une radiation électromagnétique, comme le font toutes les images –, sont susceptibles de toucher notre fantôme en colère.

– Je m'en occupe.

Je savais que Bérangère me comprenait, et cela est d'une grande aide dans ce genre d'investigation. Ça présente aussi un petit défaut :

quand les situations critiques sont désamorcées, et que les âmes en peine, apaisées, ne se manifestent plus, les habitants bien incarnés de la maison ressentent généralement un manque terrible ! Ce n'est pas qu'ils regrettent leurs « fantômes », mais comparé à l'excitation causée par ce grand écart entre les deux mondes, le quotidien terrestre leur paraît un peu morne.

Aucune réaction particulière ne se produisit après l'exposition des ondes de forme. Les jours passaient et le château entrait dans un grand calme. Plus de bruits, plus d'atmosphère lourde, plus de voix dans la maison des gardiens.

On aurait pu se satisfaire de la situation mais je savais que tant que je n'y étais pas retournée et que je n'étais pas entrée en communication avec Jean de K. dans l'enceinte du château, rien n'était terminé.

Et en effet, deux jours plus tard, Bérangère m'appelle.

– Il faut que vous sachiez qu'il s'est passé quelque chose d'étrange sur la propriété cette semaine. Un chasseur s'est fait encorner par un cerf, et un autre est tombé violemment de son cheval. C'est vraiment très curieux, d'autant qu'en lisant l'histoire de Jean de K. que j'ai trouvée à la bibliothèque municipale, j'ai appris que son pire ennemi, le capitaine anglais

Jean C., avait perdu un œil de la même façon. Il s'était fait encorner par un cerf. Quant aux chutes de cheval, on peut imaginer que c'était commun à l'époque.

Sans doute, mais il est quand même difficile de ne pas voir un lien entre l'accident de chasse et l'évolution de notre histoire.

C'est la nuit suivante que je vais avoir l'information que j'attends.

Les connexions se font toujours pour moi après 22 h 30, je n'ai jamais compris pourquoi mais je pense que c'est une heure propice au calme et où les ondes multiples qui nous bombardent dans la journée se raréfient au profit d'autres ondes plus favorables à ce genre de contacts.

Des images de batailles me reviennent encore. Je vois des visages, des dagues, la croix de Saint-Georges, des cottes de mailles et tout à coup je reconnais le visage que j'ai vu au château : Jean de K.

Je le vois parfaitement. Il se bat et meurt d'un coup d'épée, sous mes yeux ! Et là, je me rends compte avec stupeur que ce n'est pas un ennemi qui lui a porté le coup fatal.

Tous les combattants sont vêtus de la même façon puisque les Français se sont déguisés en

Anglais pour entrer dans la ville. Mais les vrais Anglais sont face aux Français.

Or c'est un des hommes de Jean de K., près de lui, qui lui donne un coup d'épée ! Voilà, c'est cela. Il est tué par l'un des siens.

Je reviens à moi brutalement.

Je ressens ce qu'il a ressenti, cette stupéfaction de voir l'un de ses hommes porter la main sur lui. Vengeance ou erreur, je ne sais pas, mais je suis abasourdie. Jean de K. s'estime trahi. Voilà pourquoi il hurle depuis près de six cent cinquante ans.

Lorsqu'on a affaire à des esprits d'une époque lointaine, il faut comprendre que leur mentalité et leur caractère sont très différents des nôtres. On doit en tenir compte et ne pas raisonner en humain du XXIe siècle. J'entends la détresse de Jean de K., son appel à la vengeance, et c'est cela qu'il va falloir l'aider à surmonter.

Je ne pourrai pas lui dire pourquoi tout cela est advenu mais je pourrai sans doute l'aider à s'en détacher pour aller vers sa destinée. Il ne me reste plus qu'à attendre samedi pour retourner au château.

« Je suis surprise d'être encore en forme après toutes ces nuits blanches, m'écrit Bérangère. Hier après-midi, j'ai ressenti comme un grand vide, comme si j'étais un peu perdue, c'est normal je pense, il va falloir que je réapprenne à me découvrir, à retrouver la confiance en moi. »

C'est bien ce que je disais : ce que je redoute après chaque vraie libération d'un lieu, c'est ce manque, ce vide ressenti par les personnes qui, même si elles en étaient incommodées, trouvaient dans cet esprit colonisateur de la demeure et de la pensée une compagnie qui, même si elle n'était pas des meilleures, était fidèle et comblait parfois un grand vide.

J'espère que ce n'est pas le cas pour Bérangère, car c'est une période assez difficile à surmonter et qui, dans la dernière partie du « travail de libération », provoque souvent son échec. On a envie que tout change, mais on a peur de perdre ce que l'on a.

Chaque soir, désormais, je vois le visage de Jean de K. Ce visage mince constellé d'écorchures et de cicatrices. Il est rare que les fantômes apparaissent avec leurs blessures. Elles ne concernent que le corps physique et lorsqu'on change de matérialité, elles ne représentent plus grand-chose. Pour que Jean de K. les garde, il faut qu'elles soient pour lui importantes et symboliques de sa bravoure.

Quinze jours sont passés depuis ma première visite. Il est temps que je reprenne la route du Poitou.

*

Dès mon arrivée, je sens une ambiance différente. Bérangère et Rémi me reçoivent en souriant. La maison des gardiens a perdu ses voix et, devant un bon thé à la bergamote, nous faisons le point des derniers événements survenus.

Bérangère me raconte avec enthousiasme le changement d'attitude de leur propriétaire. Alors qu'il ne savait rien de ma visite et de ce que nous cherchions à faire, il est venu les voir un beau soir pour leur dire, sous le sceau du secret, que bien des choses étaient en train d'évoluer dans le château, et qu'il était à l'aube d'autres grandes transformations. Lui, si distant, était devenu amical et enjoué, et elle, la baronne, parfois si méprisante et autoritaire lors de ses séjours au château, était redevenue charmante et discrète.

Rémi est encore tout étonné. Se peut-il que les changements soient si rapidement palpables ?

Je lui confirme comment c'est possible.

– Une demeure est sous l'influence soit de sa propre mémoire, soit de présences qui y imposent leur état d'esprit. Nous sommes involontairement sous le joug de ces humeurs et il suffit qu'une modification y soit apportée pour que notre état moral et physique change. Et donc, par là même, notre vie.

Bérangère et Rémi comprennent d'autant mieux qu'ils sont en train de changer eux aussi. Ils se sentent moins anxieux, et ne sont plus sous pression. Pour eux, en somme, tout semble réglé. Mais moi je sais que le travail n'est pas fini, et qu'il faut le terminer aujourd'hui même.

En marchant dans l'allée qui mène au château, je me rends compte que je n'ai jamais pris le temps de regarder la beauté de son parc. Du moins ne m'était-elle pas apparue lors de ma première visite. Maintenant, si je la vois, c'est bien que quelque chose s'est transformé.

– C'est curieux, mais je ne ressens aucune adversité aujourd'hui, dis-je.

– Nous non plus, confirme Bérangère. Je peux aller ouvrir les volets du château toute seule, je n'ai plus peur, vous allez voir comme tout est léger !

Il est vrai qu'en y entrant je ressens une espèce de légèreté à laquelle ce château n'a guère été habitué.

Nous empruntons l'escalier de pierre qui nous mène à la chambre de Jean de K... Je sais qu'il nous attend. Je sais aussi qu'il y a encore des âmes recluses quelque part, mais très peu.

Nous nous asseyons autour du guéridon.

Bérangère ne dit mot et Rémi semble avoir le trac. Nous attendons l'arrivée du seigneur en silence, presque avec solennité.

Tout à coup, un soubresaut secoue mon corps. Je frissonne et je m'aperçois que Bérangère fait de même.

– Il arrive, murmure-t-elle.

Je ferme les yeux pour mieux le voir.

Il m'apparaît, curieusement moins balafré, moins blessé, et plutôt calme. Je parle à haute voix.

– Soyez en paix. Gardez-vous des otages ?

– Oui, quatre.

– Pourquoi ?

– Ce sont des Anglais.

– Quoi ?

Les esprits qui vivent encore dans l'instant de leur décès ne captent de notre réalité que quelques fragments qu'ils ne parviennent pas à interpréter. La colère et le désir de vengeance enferment les morts comme les vivants dans une prison de souffrance où aucune autre information ne peut pénétrer.

La médium que je suis et qui parvient à entrer en contact avec cette autre dimension a pour but d'apporter une information qui va peut-être être repoussée mais qui va contribuer à modifier l'environnement du défunt. Lui va continuer de proclamer sa vérité, mais au fur et à mesure du travail de la conscience, il va s'apercevoir qu'autour de lui tout a changé.

C'est le cas pour Jean de K.

Lorsque je lui annonce que la guerre est finie, il prend conscience en une étincelle de temps que c'est vrai, que tout s'est transformé autour de lui, et que sa colère n'est plus nécessaire.

C'est le privilège des espaces où le temps n'existe pas, où nul n'a besoin d'attendre, où tout se produit instantanément.

– Depuis combien de temps retenez-vous ces otages ?

– Je ne sais pas. Deux jours ? Trois semaines ?

– Acceptez-vous de les relâcher ?

– ... Oui...

– Pourquoi êtes-vous en colère ?

– On m'a trompé.

– Vous voulez dire que c'est l'un de vos hommes qui vous a blessé ?

– OUI !

Je sens son trouble, mais ce qui m'apparaît le plus nettement, c'est cette violence et cette dureté dans lesquelles les hommes de cette époque-là étaient élevés.

Comment, de nos jours où le droit, même s'il n'est pas assez répandu, prédomine, comment pouvons-nous comprendre ces gens du

Moyen Âge qui s'égorgeaient légitimement pour un regard ?

– Me voyez-vous ? lui demandé-je.

– Non… Je vous ressens.

Que pourrait-il « voir » dans cette phase transitoire ? Il a raison : il ressent. Il a ressenti presque toutes les présences depuis six siècles, a probablement hanté leurs jours et leurs nuits, sans bien souvent être entendu de ceux à qui, à sa manière, il s'adressait.

– Ressentez-vous Bérangère et Rémi qui sont avec moi ?

– Oui…

– Avez-vous de la colère contre eux ?

– Non… Mais pour le cavalier…

– Le cavalier ?

Bérangère me regarde et me glisse à l'oreille que le propriétaire passe son temps à monter à cheval.

– Pourquoi n'aimez-vous pas le cavalier ?

– Il n'a pas de caractère. Ce n'est pas un guerrier.

– Il va falloir partir maintenant. De l'autre côté, vous aurez vos réponses. Il ne vous sert à rien de rester ici.

– Je suis chez moi…

– Ce n'est qu'une demeure de pierres. Celle qui vous attend est tellement plus vaste et plus belle. Acceptez de voir et suivre ceux qui vous attendent.

– …

– De quoi avez-vous besoin ?

– Je ne sais pas… De vos prières.

– Nous allons prier pour vous. Il faut aller vers la paix.

On ne part pas au combat sans prier. On ne meurt pas sans prières. Bérangère bouleversée et en pleurs se met à prier. Rémi la suit.

Je vois l'image du capitaine se dissoudre peu à peu. La luminosité de la pièce se transforme.

C'est fini. Jean de K. est parti. Reste à savoir si la paix va durer dans ce lieu.

Les jours qui suivent, je communique beaucoup avec Bérangère.

Nous en avons besoin, car vivre une expérience comme celle-là sans pouvoir en parler est assez difficile.

Le château est libéré, le calme est revenu et les deux gardiens pensent à leur avenir.

Bérangère me demande parfois si j'ai des nouvelles de Jean de K. Elle me confie penser à lui très souvent et prier pour son salut.

– Je suis sûre qu'il nous protège désormais, dit-elle en souriant.

– 2 –

LA MAISON QUI NOUS ATTENDAIT

J'ai toujours été fascinée par les maisons. Elles se présentent, sympathiques ou arrogantes, laides ou coquettes, mais en aucun cas elles ne vous laissent indifférent.

Lorsque Jean-Paul et moi avons voulu nous marier, nous avons cherché la maison de nos rêves, du moins celle qui était digne d'abriter notre bonheur.

Je me souviens d'en avoir visité un grand nombre. Jolies maisons bourgeoises, petits manoirs, vastes longères, villas sympathiques, jusqu'au jour où, accompagnés d'un notaire, nous sommes arrivés à la maison où je vis toujours.

C'était une maison bourgeoise du XIXe siècle, pas très grande, et qui, après avoir fait l'orgueil de son propriétaire, avait été peu entretenue, sans doute par manque de moyens, puis était tombée aux mains de la kommandantur durant la Seconde Guerre mondiale, avant d'être le refuge de couples d'Américains et de Canadiens qui travaillaient sur la base américaine de Châteauroux dans les années 1960. À la fin des années 1980, lorsque nous l'avons visitée, non seulement elle était abandonnée, mais elle servait de squat à des jeunes qui s'y livraient à des activités aussi secrètes qu'illégales. La terre battue recouvrait les tomettes, les murs avaient été tagués, et le toit offrait un trou béant visible de la rue.

Le notaire nous dit, en ouvrant la porte :

– Je vous préviens, c'est une ruine !

Je me souviens précisément de mon état d'esprit lorsque j'ai franchi le seuil, envahie d'une sensation inexplicable d'évidence.

Je venais d'entrer chez moi.

Je suis si sûre et tellement enthousiaste que je me retourne vers mon mari et m'exclame :

– C'est ici ! C'est chez nous !

Un peu surpris, le notaire me demande d'attendre d'avoir tout visité avant de prendre une décision, quasi certain que j'aurai changé d'avis dans les minutes qui vont suivre.

Jean-Paul avise l'aspect peu engageant des lieux, et ne dit mot. Moi, je monte les escaliers quatre à quatre, m'arrête dans une pièce située sur le devant de la maison et m'exclame à nouveau :

– C'est notre chambre !

Le notaire m'a prise pour une folle, mais c'est normal : il ne savait pas que cette maison m'attendait.

Je l'ai reconnue sans la connaître, j'ai senti sa bienveillante familiarité, et je savais que j'allais y passer le reste de ma vie.

*

Il semblerait que certaines demeures, certains lieux soient prévus comme décors aux plans de notre destinée.

C'est ce que pensaient Gaëlle et Jean-Marc lorsqu'ils ont visité cette typique maison creusoise aux pierres apparentes, quelque part entre Guéret et Aubusson.

Las de la routine et de la banlieue, et à la suite d'une mutation consécutive à un burn out de Gaëlle, ils ont décidé de s'installer loin de tout tumulte, dans le silence et le calme de la campagne.

Gaëlle en a besoin, et ils pensent que leurs deux enfants, Anna et Noah, âgés respectivement de huit et cinq ans, vont pouvoir s'épanouir sans stress dans cet environnement. C'est une petite annonce sur un site de vente bien connu qui les a attirés. La photo est alléchante, l'intérieur de la maison semble en bon état, même s'il y a quelques modifications à apporter, et surtout le prix est largement dans les limites qu'ils se sont imposées.

Ils y arrivent en avril, sous le soleil, et découvrent la maison immergée dans une nature sauvage et fascinante. Le rêve pour qui a besoin de repos.

La maison est isolée, mais seulement à trois kilomètres du bourg, ce qui convient parfaitement quand on a une voiture pour se déplacer.

Ils en deviennent propriétaires assez rapidement et s'y installent pour la rentrée de septembre.

L'organisation de cette nouvelle vie convient assez bien à toute la petite famille. Les enfants choisissent chacun sa chambre, les parents tracent des plans pour apporter les modifications nécessaires à l'embellissement de la demeure et tout va pour le mieux jusqu'en novembre.

À partir de là, peu à peu, les choses se gâtent. Noah s'endort moins bien le soir, quant à Anna, elle dit faire des cauchemars. Les parents mettent ces troubles sur le compte des changements de cadre et d'habitudes auxquels leurs enfants doivent faire face. Nouvelle école, nouveaux camarades, paysage différent, Gaëlle et Jean-Marc sont persuadés que leurs tourments nocturnes vont très vite s'apaiser.

Mais voilà qu'Anna se met à prétendre que quelqu'un passe dans sa chambre le soir, régulièrement, et Noah parle d'un méchant monsieur qui l'empêche de dormir.

Gaëlle, leur maman, les croit à moitié, même si ses angoisses à elle réapparaissent sans raison, alors que le rythme de son travail actuel est beaucoup moins stressant que l'ancien et lui permet d'apprécier la vie de famille qu'elle souhaitait.

Jean-Marc, lui, ne ressent rien de spécial, il est en déplacement de temps à autre pour son métier et accorde peu de crédit à ce qu'il considère comme les manifestations d'une émotivité voire d'une imagination excessives. Mais lorsque le téléviseur s'allume tout seul la nuit, sans aucune intervention humaine, et qu'ils retrouvent chaque matin le couloir, la salle à manger et le salon éclairés, il commence à se poser des questions et en discute avec Gaëlle.

C'est à ce moment-là que je reçois leur mail me demandant d'intervenir. Je n'habite pas très loin de la Creuse, et dès le week-end suivant je leur rends visite.

Même avec mon GPS, j'ai quelque difficulté à trouver le chemin creux qui mène chez eux, mais je finis par voir la maison.

C'est une belle demeure rustique, décorée avec soin. Gaëlle m'y accueille avec soulagement. Je la sens anxieuse et apeurée. Les enfants m'attendent, assis sagement sur le canapé, comme on attend un médecin quand on souffre. Noah joue avec un robot, et Anna tient un livre.

Jean-Marc rentre du jardin et vient me saluer chaleureusement. Il me regarde comme un anthropologue regarderait un homme préhistorique tout juste découvert dans une grotte.

Je sens sa résistance et je sais que je n'aurai pas sa collaboration. Malgré ce qu'il a vu, son scepticisme et probablement sa peur le bloquent dans son besoin de rationalité. J'en suis désolée, car cela va rendre l'affaire plus compliquée.

Gaëlle me fait visiter la maison, et la lourdeur qui s'en dégage ne peut me laisser insensible, mais souvent les vieilles maisons ont des passés chargés en drames et décès sans pour autant être le théâtre de manifestations insolites.

J'observe la configuration des lieux avant de poser quelques questions à mes hôtes.

Y a-t-il un puits à l'extérieur ? Une rivière ou une source à proximité ? Il est important de comprendre par quoi le malaise ressenti est porté.

Grâce à André de Bélizal et Paul-André Morel qui ont longuement étudié les « forces compensées », nous savons en effet désormais que pour qu'une cellule puisse se développer normalement, elle doit évoluer dans l'équilibre de deux forces : la force tellurique qui vient du centre de la Terre et s'échappe dans la stratosphère, et la force cosmique, qui vient donc du cosmos et qui doit bombarder la force tellurique pour la neutraliser. Lorsque ces conditions ne sont pas remplies, et que l'une des forces est prédominante, il y a rupture d'équilibre, et donc apparition d'une maladie psychique ou physique.

Certaines architectures créent ces déséquilibres en ayant privilégié des angles discutables, ou des ondes de forme, qui sont des ondes abstraites certes, mais puissantes.

– Il y avait un vieux puits que nous avons bouché, me dit Gaëlle, l'air coupable, comme si elle craignait d'avoir commis l'irréparable.

– Ce n'est pas le puits qui est responsable, il est juste un vecteur de ce que vous ressentez.

Je prends place sur une chaise face aux enfants, et les incite à me raconter ce qu'ils vivent chaque nuit.

La petite me lâche timidement quelques mots.

– Ben… Je fais des cauchemars… Pis… Y a un bonhomme qui passe…

– Oui, confirme son petit frère, même qu'il est très méchant !

– Vous pouvez me le décrire ?

– Ben il est grand… Et il fait froid quand il est là, dit Anna.

– Il est méchant, insiste Noah.

– Comment sais-tu qu'il est méchant ? Il te parle ?

– Parce qu'il veut me faire du mal, affirme le petit garçon.

On sait que les enfants, depuis leur naissance jusqu'à l'âge approximatif de sept ans, ont cette capacité de voir les fantômes. Après, en général, ils ne les voient plus et oublient ce qu'ils ont vu. Combien de fois des parents inquiets sont-ils venus à moi pour me dire que leurs petits voyaient « quelque chose », et ont appris par la suite, par leurs propres parents, qu'eux aussi avaient vu la même chose au même âge sans en avoir aucun souvenir !

Je ne sens pas Noah perturbé par son changement de vie, pas plus que sa sœur. La névrose qui est en train de s'installer vient bien, selon moi, de manifestations inexplicables et terrifiantes.

– Racontez-moi, Gaëlle. Depuis quand ?

– Depuis à peu près deux mois.

– Qui a commencé à ressentir ces choses ?

– Moi, dit Anna. Je faisais tout le temps le même cauchemar : un monsieur entrait chez nous et mettait le feu. On ne pouvait pas se sauver.

– C'est vrai, confirme Gaëlle. Ma petite fille était tellement secouée qu'une nuit il a fallu l'emmener aux urgences à Guéret. On ne parvenait pas à la calmer. Elle était en état de choc.

– Oui, mais c'est la nuit où je l'ai vu ! corrige la petite.

– Moi aussi je l'ai vu plein de fois, ajoute Noah.

– Dorment-ils dans leurs chambres ?

– Hélas non... Nous dormons tous dans la même chambre, maintenant. Depuis ces visites bizarres, ils ne veulent plus dormir seuls.

– Ça devient lourd, à force, soupire Jean-Marc qui vient de nous rejoindre.

Je sens son agacement... Et son abattement.

– Et qu'en pensez-vous, Jean-Marc ?

– Je ne sais qu'en penser. On n'a pas de pot. On était venus ici pour repartir de zéro, et voilà d'autres problèmes, complètement incompréhensibles !

– Vous ne croyez pas au surnaturel ?

– Je ne sais plus ce que je dois croire.

– Je vous demanderai juste de rester ouvert, et de ne pas vous braquer, sinon je ne pourrai rien faire.

– Je vous promets d'être sage ! ironise-t-il. Mais tout cela me dépasse.

– Vous aussi avez constaté certains faits ?

– Non... Oui... Enfin... Les lampes. Je les trouve souvent allumées le matin, alors que je suis sûr de les avoir éteintes. Mais si ça se trouve… On n'est plus sûr de rien.

Je me tourne vers Anna.

– Tu me dis qu'il fait froid lorsque tu sens la présence ?

– Oui. Très froid. Et après ça redevient normal.

– Et vous, Gaëlle ?

– Moi je ressens des choses désagréables. Mais il faut vous dire que je suis très sensible, je l'ai toujours été, et mon burn out n'a pas arrangé les choses.

Là, je réfléchis. Une hypersensible convalescente et deux enfants. C'est probablement Gaëlle le catalyseur bien involontaire.

La relation apparemment très fusionnelle qu'elle a avec ses enfants forme un égrégore sensible. L'égrégore définit un esprit de groupe alimenté par les mêmes désirs, et, lorsqu'il y a fusion dans l'hypersensibilité, cet égrégore devient un immense réceptacle à tendance hystérique, c'est-à-dire capable de capter des manifestations subtiles et de déclencher des manifestations émotionnelles.

– Que savez-vous sur cette maison ?

– Pas grand-chose, dit Gaëlle. Le dernier propriétaire la tenait de son père et de son grand-père. Probablement une ferme. Il y avait également une vieille grange en ruine que nous avons rasée.

– Avez-vous fait beaucoup de gros travaux avant que n'interviennent les premières manifestations ?

– Oh oui… Pas mal.

– Auriez-vous abattu des murs ?

– Oui ! Pourquoi ? demande Jean-Marc comme si ma question était un brin stupide.

Je ne lui réponds pas, il est trop suspicieux pour entendre ce que j'ai à dire sur les murs… Ces parois visibles retiennent en elles des forces séculaires, bonnes ou mauvaises. Elles ont vécu tant d'aventures, de drames, de souffrances, parfois… Et si l'on abat les murs, on les libère. Il peut s'ensuivre bien des problèmes.

Je me contente de demander à Jean-Marc :

– Combien de murs avez-vous abattu ?

– Voyons… Deux pour faire un grand salon, et un autre pour aménager les combles, dans la salle de jeux, au premier étage.

Voilà. J'avais quelques-uns des éléments indispensables à mon investigation.

*

Lorsque nous nous étions parlé au téléphone, Gaëlle avait accepté que je passe la nuit chez eux. Et puisque les enfants dormaient désormais dans la chambre des parents, j'avais demandé à partager ma nuit entre la chambre du petit garçon et celle de sa sœur.

Un campement de fortune y avait été installé ; heureusement, car je n'ai pas encore appris à dormir beaucoup, même si les sceptiques doivent penser que mes histoires me permettent de le faire !

Nous avons tenté de passer une soirée décontractée, en parlant d'autre chose, ce qui n'était pas pour déplaire à Jean-Marc.

Les enfants sont allés se coucher assez tôt, et nous avons regagné nos chambres vers 22 h 30.

Je m'installai donc sur le matelas de fortune que l'on avait apporté pour moi dans la chambre d'Anna. Les chambres des enfants se trouvaient au premier étage, près des combles aménagés en salle de jeux. La chambre des parents était en bas.

J'avais pris un peu de lecture et mon ordinateur pour patienter en attendant le sommeil, car je savais que s'il devait se passer quelque chose, j'en serais vite avertie. Je n'avais pas la tête à lire, pas plus qu'à regarder un film. J'essayais donc de fermer les yeux pour me reposer un peu.

Vers 1 heure du matin, je suis réveillée par le froid. Dans les manifestations spectrales, ce n'est pas toujours le cas, mais le froid fait partie des signes avant-coureurs d'une matérialisation.

Ce n'est pas un froid ordinaire. C'est un froid profond qui vous glace les os. Je sens en plus un poids sur ma poitrine. Je peine à respirer, et je reste en attente. Je sais que quelqu'un va passer par là. Je suis paralysée sur mon matelas.

Le froid se fait de plus en plus intense.

Je fixe l'encadrement de la porte ouverte, car je pense que c'est là que je vais « le » voir apparaître. Un rayon lunaire filtrant à travers les rideaux me permet de deviner les contours des meubles de la chambre, et fait que le couloir n'est pas complètement sombre. Je vais pouvoir discerner quelque chose.

Est-ce que j'ai peur ? Pas vraiment. Je suis trop curieuse. J'ai trop envie de comprendre ! Je regarde l'heure sur mon portable que j'ai posé sur le matelas, à portée de main.

J'attends, mais rien ne passe et personne ne vient. Le froid diminue et peu à peu la température redevient normale dans la chambre.

Comme je pense qu'il ne viendra pas, je décide de changer de chambre et de me rendre dans celle d'en face. Celle de Noah. La maison est calme, personne ne semble avoir été réveillé par une intrusion suspecte.

Dans le couloir, mon regard est soudain attiré par la porte de la salle de jeux. C'est là qu'ont été faits les travaux censés provoquer les désordres. J'y entre et décide de m'y installer pour la fin de la nuit.

Je m'enfouis sous une couverture dans un angle de la pièce. Je ferme les yeux et sommeille. C'est le froid intense qui me réveille. Je ne peux plus bouger, mes bras et mes jambes sont engourdis, aucun son ne réussit à sortir de ma bouche, seuls les battements de mon cœur résonnent dans ma poitrine. J'arrive à peine à tenir mes paupières ouvertes. Je regarde la porte éclairée elle aussi par des lueurs lunaires qui pénètrent dans la pièce par la fenêtre d'en face. J'ai l'impression que des bouffées de vapeur sortent de ma bouche lorsque je respire. L'atmosphère est devenue si lourde que je referme les yeux un instant.

Lorsque je les ouvre, j'aperçois une immense silhouette noire. J'ai l'impression qu'elle fait trois mètres de hauteur. Je ne vois ni le visage, ni les membres, juste les contours. Je sens une angoisse monter en moi, mais je sais que la paralysie qui me contraint à ne pas bouger est un réflexe de mon corps, imposé par mon esprit qui, lui, a anticipé ce qui allait se passer. La silhouette bouge dans ma direction. Elle est de l'autre côté de la pièce et semble glisser vers moi. J'essaie de communiquer mais je sens que mes capacités sont bloquées.

Je connais cette forme de matérialisation pour l'avoir déjà rencontrée en d'autres circonstances, et je me souviens de ce que m'a dit le père François Brune – un écrivain français, théologien, spécialiste des phénomènes paranormaux avec qui j'ai beaucoup travaillé – au sujet de ce genre de matérialisations. Il semble qu'elles soient souvent empruntées par des criminels qui sont conscients des crimes qu'ils ont commis et qui veulent continuer de s'en nourrir.

Il faut aussi savoir que l'apparence des spectres est très liée à leur mentalité. Ils utilisent une matérialité en rapport avec leurs capacités psychologiques. Certains, très attachés à la Terre et à l'incarnation, auront besoin de tourner la poignée d'une porte pour entrer. D'autres traverseront la porte en question, sachant qu'ils n'ont plus ni l'envie, ni le besoin d'en bouger la poignée. Et chacun d'eux va se représenter selon ses capacités, mais aussi selon ce qu'il veut susciter.

L'âme d'un *serial killer* qui se nourrit de la peur des autres utilisera une matérialisation proche de ce qu'il était. Il sait qu'avec une matérialisation effrayante il va déclencher chez ceux à qui il apparaît une peur proche de celle qu'il avait besoin de sentir chez ses victimes lorsqu'il était incarné et commettait ses crimes. Il va continuer sur sa lancée et la vibration qu'il provoque à travers cette peur, il va l'utiliser pour se matérialiser.

Ces âmes noires ne m'impressionnent pas, elles ne sont que des représentations et je veux découvrir qui est derrière, et surtout pourquoi elles sont là.

Dans une dimension paranormale comme dans notre réalité commune, il faut toujours aller au-delà des apparences, car l'apparence est une représentation utilisée par un besoin de l'âme et il est utile de dépasser ce que l'on voit pour accéder à l'essence d'un être.

Tout à coup, la silhouette noire diminue d'intensité et disparaît. Elle n'a pas cherché à m'intimider mais a sans doute capté une information qui l'a mise sur ses gardes.

Je sais que cette nuit il n'y aura plus aucune manifestation.

Le matin suivant, j'apprends au petit déjeuner que la petite famille a bien dormi.

Je demande l'autorisation de rester une nuit supplémentaire pour mieux comprendre le problème, et, entre-temps, je reprends la route vers mon domicile qui n'est pas loin, pour mieux récupérer et préparer mon intervention.

J'encourage toujours les propriétaires des maisons à problèmes à faire des recherches sur l'habitation et sur ce que l'on sait des demeures ou lieux qui ont précédé sa construction.

Dans le cas présent, on ne sait pas grand-chose, à part l'existence d'un propriétaire sans histoires qui tenait cette maison de sa famille. Il faudrait donc que mes « capteurs » paranormaux me permettent de remonter le temps pour comprendre.

*

Je reprends la route de la Creuse dans la soirée, pour arriver chez mes hôtes à la nuit tombée.

Gaëlle m'attend pour dîner, et l'ambiance est plutôt détendue. Les enfants semblent rassurés, et les parents comptent sur moi pour trouver une solution. Je le souhaite de tout cœur, mais bien souvent il faut du temps et beaucoup de patience pour y parvenir, et je n'ose leur avouer.

Vers 22 heures, chacun rejoint sa chambre, parents et enfants dans la même et moi je me rends au premier étage, dans la chambre d'Anna, où, étrangement, je m'endors comme un bébé.

Il ne faudra pourtant pas longtemps pour que mon sommeil soit perturbé par des cauchemars angoissants et absurdes qui vont me réveiller en apnée plusieurs fois. L'ambiance de la chambre ne varie guère, et chaque fois je retrouve une paix suffisante pour me replonger dans le sommeil.

Mais un nouveau rêve va me mettre sur la voie.

Je suis dans la maison qu'habitent Gaëlle et Jean-Marc aujourd'hui, mais son aspect n'a rien à voir avec celui d'aujourd'hui. Nous sommes probablement au XVIIIe siècle, si j'en juge la tenue des habitants que je distingue dans la sombre pièce principale. Une table de bois, deux bancs, un coffre dans le fond et le sol recouvert de paille, voilà le décor de mon rêve.

Une femme à laquelle il est difficile de donner un âge se tient debout près de la cheminée et un homme est assis sur l'un des bancs devant la table. Il taille un morceau de bois avec son couteau. Des enfants loqueteux entrent et sortent.

Un homme, probablement un journalier, à l'allure très misérable, fait son apparition sur le pas de la porte. Au moment même où je l'aperçois, mon cœur se serre très fort et j'ai quelque difficulté à respirer.

Il parle à l'homme qui est assis à la table et celui-ci hausse le ton immédiatement. Je ne parviens pas à comprendre ce qui est dit.

J'entends les voix mais ne parviens pas à capter les mots qui sont prononcés.

L'homme assis se lève et s'approche en hurlant de celui qui est resté à la porte. Ils s'empoignent un bref instant et le valet s'en va, non sans vociférer je ne sais quoi à l'adresse du fermier en brandissant un poing vengeur.

Je me réveille une nouvelle fois, et je fais une crise d'asthme ! J'y suis sujette depuis l'enfance, même si les crises sont devenues rares avec l'âge.

L'atmosphère est tout à fait normale dans la chambre, et curieusement je me rendors assez vite.

Mais un autre rêve me plonge à nouveau dans le décor de la maison de l'époque. Je suffoque. La demeure est en flammes. Je la vois de l'extérieur à la lueur d'un clair de lune. L'incendie est violent et ma première pensée va vers les occupants que j'ai vus précédemment : s'ils sont restés à l'intérieur, il est évident qu'ils ont péri, et c'est horrible. Outre la rage du feu, je n'entends rien, mais j'aperçois une silhouette dans la cour. Elle est immobile, le regard fixé sur le brasier.

Je reconnais le journalier qui semble contempler le spectacle, je suis très angoissée, et lui semble satisfait. Il contemple son œuvre, car je sais maintenant que c'est lui qui a mis le feu et qu'il a regardé périr cette famille. Vengeance sans doute, au prix de la mort d'innocents.

Sa fascination pour le feu l'a transformé en statue et moi j'étouffe de plus en plus. Je me réveille en sursaut, essayant de trouver de l'air pour maîtriser cet asthme qui enserre mes poumons. Je tends la main vers mon spray de Ventoline, mais ma main est paralysée. Je ne peux pas bouger.

J'essaie de prononcer un mot mais rien ne sort de ma bouche.

Le cauchemar n'est pas le seul responsable de mon état, une présence ne va pas tarder à se manifester, je le sens, c'est une présence maléfique qui profite de mon angoisse pour absorber mon énergie afin de se matérialiser.

Je vois apparaître une ombre dans l'encadrement de la porte.

Devant la peur qu'elle tente de me soutirer, j'essaie de maîtriser mes pensées, en me disant que tout cela n'est qu'une intention de nuire, une image du mal derrière laquelle se cache une âme en détresse.

L'ombre est immense et me fixe.

Je sens mon cœur battre à tout rompre, en me disant que le misérable journalier a bien changé depuis son forfait, ce qui m'octroie un avantage dans la situation, car je sais que cette ombre, c'est lui.

Un assassin qui rôde sur les lieux de son crime.

Je lui envoie l'information mentalement, en tentant de respirer correctement, et, étrangement, l'ombre noire semble se fondre, se clarifier, devenir plus transparente.

Je ressens une forte pression dans la poitrine, et régule ma respiration difficile. L'ombre noire s'est dissoute peu à peu, laissant place à la matérialisation d'un homme. Je reconnais en effet le fameux journalier, très vieux, très fatigué.

Il tente encore de provoquer ma peur, mais je ne réponds plus. Je lui dis que je sais qui il est, que je sais ce qu'il a fait.

Mes muscles reprennent un peu de tonus, juste assez pour que je saisisse ma Ventoline.

Je sais ce que pense mon visiteur du soir : il se sent humilié et voudrait mettre le feu à la maison car son idée fixe est de carboniser tout être vivant qui se trouve dans ce lieu.

Il est devenu prisonnier de son crime, de son obsession morbide et de sa volonté de revanche.

À sa mort, il a dû revenir sur les lieux pour contempler encore et encore le feu qu'il avait allumé et qui continuait de brûler dans sa tête.

Tout être vivant qu'il sentait évoluer dans ce périmètre ne pouvait qu'être soumis à ses menaces.

Les enfants l'avaient vu, il pouvait donc exercer son pouvoir terrifiant, et les menacer comme il l'avait fait avec le propriétaire de la ferme du XVIIIe siècle.

Qui sait combien de personnes ayant vécu ici au cours des siècles avaient été épouvantées par l'ombre noire du pyromane ?

Maintenant je savais, et il fallait que j'agisse vite, car cette ombre rémanente viendrait hanter toutes les nuits de ces enfants jusqu'à ce qu'ils périssent dans le feu de leurs angoisses. Qui sait où tout cela pouvait les mener...

Le lendemain matin j'ai fait le point de la situation avec Gaëlle. Je ne sentais pas Jean-Marc capable d'accepter ce récit sans y être un peu plus préparé. Le mur de son incrédulité pouvait poser problème.

Je profitai donc de son absence et du fait que Gaëlle me raccompagnait jusqu'à ma voiture pour lui confier les informations que j'avais reçues.

Je vis une certaine angoisse dans son regard.

Je la rassurai très vite en lui garantissant que je serais là jusqu'à ce que ce visiteur parte.

– Nous n'avions pas seulement rêvé, alors...

Il y a bien quelque chose ou plutôt quelqu'un dans la maison. C'est terrifiant !

– Je comprends votre inquiétude. Mais le fait de connaître son histoire va me permettre de trouver plus rapidement le moyen de le faire partir.

– Mais… Vous allez être obligée de revenir ? Quand ?

– C'est assez difficile à comprendre, mais c'est comme si je le transportais avec moi. Désormais, je suis connectée à cette histoire. Et si l'on m'a permis de m'en occuper, c'est que je dois trouver les clés pour ouvrir la bonne porte. Que je sois chez moi, ailleurs ou chez vous, je peux y travailler. N'ayez crainte.

Gaëlle paraissait à la fois soulagée et dubitative. Qu'il est compliqué d'expliquer ces choses-là ! Comme pour moi elles sont claires et limpides, j'ai toujours la sensation qu'il en est de même pour ceux à qui j'en parle. Mais ils oscillent entre la honte d'être obligés d'écouter ces explications apparemment invraisemblables, l'excitation, la curiosité d'en savoir plus, et la folle envie de tout balayer d'un revers de main et de se recroqueviller dans leur peur.

Je sais qu'il est indispensable de rassurer pour empêcher cette peur de s'installer un peu plus. Parfois, elle n'est plus alarme mais danger. Elle fragilise les corps énergétiques qui enveloppent notre corps physique. Ces corps énergétiques sont une carapace invisible à nos yeux, une espèce de bouclier, et en les fracturant nous devenons vulnérables psychiquement et bien sûr physiquement puisque nous ne sommes plus protégés.

*

Je reprends la route vers ma maison en réfléchissant à la manière dont je vais procéder.

On ne fait pas partir un esprit en brûlant de la sauge blanche ou de l'encens, même si cela contribue au nettoyage d'une demeure. Il faut comprendre cet esprit, et savoir sur quel fait repose son obsession. Après avoir bien cerné ses intentions, il faut négocier son départ en communiquant tout l'amour et la fermeté que l'on possède. La fermeté est indispensable à ce travail. Sans elle, on n'aboutit presque jamais au résultat souhaité. Les âmes errantes, quel que soit le motif qui les retient dans notre dimension, réagissent comme les âmes incarnées. Elles ont les mêmes faiblesses, qui dans cette dimension parallèle où elles évoluent – ou plutôt où elles n'évoluent plus – se sont formidablement accrues.

Ces âmes deviennent la douleur ou l'obsession qui les accable.

Elles sont leur propre condamnation, et il faut les en libérer, en prenant garde de toujours demander l'autorisation à ceux qui nous guident dans ces démarches.

En effet, très vite j'ai compris, dans mon apprentissage de médium, que jamais je n'agissais seule. Je suis l'élément d'une équipe constituée des protagonistes, qu'ils soient incarnés ou non, de l'énigme paranormale que je vais tenter de résoudre, et de ceux de l'autre dimension qui me guident. Jamais je ne réponds affirmativement à une sollicitation avant de consulter ceux qui décident si la chose est possible pour moi, si elle fait partie de mon destin et s'il est opportun de modifier de la sorte celui des autres. Cela ne veut pas dire que je refuse leurs appels à l'aide mais qu'il leur est demandé de trouver un autre intervenant, soit parce qu'ils ont encore un chemin de réflexion à faire, soit parce qu'une autre personne est prévue sur leur route. J'ai appris que nous avions le choix de nos actes dans un plan de vie que nous avions dessiné avant de nous incarner sur cette Terre. Ce plan nous offre des possibilités mais a tout de même déterminé quelques événements incontournables destinés à notre évolution. C'est ainsi qu'avant de me lancer dans une aventure je demande toujours, d'une manière méditative, si cette expérience proposée est pour moi. La réponse ne se fait guère attendre : une voix intérieure me dit clairement « oui » ou « non ». Je sais alors que je peux me lancer sans crainte car tout est prévu pour m'aider ou, au contraire, que je dois décliner, car sinon de fâcheux obstacles pourraient bien m'empêcher d'aller très loin dans mes investigations.

J'ai déjà désobéi et j'ai rapidement compris que je devais revenir à la raison.

Les deux jours qui suivirent furent plutôt calmes, baignés par une reposante routine, qui dans mon cas est récupératrice.

C'est sur le lieu de mon travail que, trois jours plus tard, je fus saisie par une information, que je qualifierais d'attaque.

Alors que je grignotais rapidement un sandwich en regardant des futilités sur mon ordinateur à l'heure du déjeuner, je sentis une présence agressive qui provoqua chez moi un léger malaise physique.

Je me levai péniblement de ma chaise, et alors que je prenais la direction des toilettes pour m'y rafraîchir, j'entendis dans ma tête : « Alors comme ça, tu veux m'chasser toi aussi ? »

Mes oreilles sifflaient, ma tête tournait, et je m'agrippais au lavabo tandis que l'autre continuait : « Puisque je vous dis que j'ai rien pris ! C'est pas moi qu'a volé le soc. »

Je ne comprenais rien à ces mots et je luttais contre cette force qui me vidait de mon énergie.

J'ai essayé de me concentrer pour reprendre mes esprits, et envoyer une pensée d'amour. « Je ne t'accuse pas... Je ne t'accuse pas... Je ne t'accuse pas », émettais-je sans cesse à l'adresse de celui qui avait bien l'intention de me neutraliser par tous les moyens.

– Ah non ? Alors pourquoi tu veux m'chasser ?

– Je ne veux pas te chasser, je veux que tu sois en paix.

À ces mots, la présence disparut.

Je me sentis mieux aussitôt, mais j'étais épuisée.

Souvent, dans les cas de hantise d'une demeure, même en déménageant, on ne se débarrasse pas aisément de l'intrus qui nous pose problème. On le transporte pendant un temps, avant de trouver le moyen de le faire partir.

Changer de lieu n'est pas toujours suffisant, car il faut beaucoup d'énergie pour réussir à couper le lien avec les fantômes que nous côtoyons ou avons côtoyés dans certaines demeures. Ils ont besoin d'énergie pour survivre dans leur dimension, et la nôtre est une aubaine qu'ils n'ont pas envie de laisser passer. Ils s'accrochent !

C'est ainsi qu'il se crée souvent d'étranges liens énergétiques, qui provoquent en nous des besoins et parfois, hélas, des dépendances nocives. On sent cette présence qui comble un vide, on se persuade qu'elle est positive, comme on le fait dans notre vie quotidienne avec certains êtres incarnés et violents. Et cette relation finit par intoxiquer notre corps et notre esprit, en y déclenchant des pathologies complexes.

Pour ma part, en l'occurrence, je me contentais de réfléchir... Je pensais à ces paroles que j'avais entendues dans les toilettes : « C'est pas moi qu'a volé le soc. »

Le journalier avait donc été accusé d'avoir commis un forfait et avait sans doute été congédié pour cette raison. La question n'était pas de savoir s'il était responsable ou non : l'accusation de vol s'était transformée en meurtres, et son désir de vengeance avait pris le pas sur ses intentions de prouver son innocence.

Ma fatigue me montrait combien cet homme était négatif, et seul, s'étant sans doute replié dans sa cachette, comme il avait dû le faire après l'incendie pour ne pas être capturé. Son désir de vengeance avait été si fort qu'il restait encore prédominant et le maintenait dans une véritable geôle.

De l'autre côté du voile, les sentiments deviennent des états. L'amour est légèreté et liberté, la haine devient une cage pleine de souffrances. Plus l'esprit est dans la haine, plus son désir de lumière disparaît, et plus le médium est fatigué, car il doit fournir beaucoup d'énergie afin que tout cela s'exprime.

Les esprits lumineux ne prennent pas beaucoup d'énergie et parfois même en distribuent, tandis que les esprits moins éclairés pompent l'énergie vitale de tous ceux qui les entourent, tout comme chez les humains incarnés.

Le soir même j'ai téléphoné à Gaëlle :

– Me supporterez-vous à nouveau samedi soir ?

– Bien sûr ! Il y a du nouveau ?

– Oui… J'espère !

J'ai donc repris la route le samedi après le déjeuner, profitant du paysage. La Creuse est un département d'une grande beauté. Je comprends pourquoi tant de gens des villes cherchent une maison de vacances dans cette nature accueillante. Et je comprenais donc pourquoi Gaëlle et Jean-Marc avaient fait ce choix.

*

À peine étais-je descendue de voiture que les enfants vinrent m'accueillir.

– Il est passé cette nuit ! Même papa l'a entendu !

Jean-Marc fit une drôle de tête en entendant cette confidence.

– Allons, allons, les enfants ! Du calme ! Une vieille maison a ses bruits, et ce ne sont pas forcément des fantômes.

Il avait beau jouer l'indifférent, je voyais qu'il avait été choqué. Gaëlle m'invita à m'asseoir devant une tasse de café.

– Quelle nuit épouvantable ! me dit-elle. Même Jean-Marc...

– Oh ça va ! l'interrompit-il. Quand on est fatigué, on n'est plus à même de discerner le vrai du faux.

– Mais tu m'as dit que...

– Oui, sur le coup je n'ai pas compris mais maintenant... Je doute un peu...

– Que s'est-il passé ? demandai-je pour mettre fin à la nervosité ambiante.

– Cette nuit nous n'avons pas pu dormir. Je me suis levé pour aller boire un verre d'eau, et toutes les lumières de la maison étaient allumées, répondit Jean-Marc. Or je les avais éteintes moi-même – cette fois-ci j'en suis sûr – avant d'aller me coucher, car j'avais regardé la télé assez tard au salon. Et là, toutes les pièces étaient éclairées, du garage à la salle de jeux des enfants. C'est… troublant…

Je comprenais son trouble, mais je savais qu'il allait trouver une autre explication que celle qui s'imposait. Son rationalisme n'allait pas se laisser déstabiliser aussi facilement.

De mon côté, j'avais la sensation que les événements allaient prendre une autre tournure, et que ma venue était opportune.

Gaëlle était inquiète, Anna, terrorisée ; seul le petit Noah semblait insouciant.

Moi, je profite du reste de l'après-midi pour faire une belle balade dans les bois, excellent moyen de recharger les batteries. Profiter de chaque arbre, de chaque élément harmonieux de cet environnement est essentiel pour accumuler les forces positives en vue du combat qui va se livrer.

J'utilise le mot « combat », car c'en est un.

Il faut être un combattant pour repousser les forces qui obscurcissent nos vies, et ces combats, même s'ils sont remplis d'amour et d'empathie, restent des bras de fer indispensables à la libération de certaines âmes.

Le soir, je vais dîner à Guéret où je retrouve des amis que je n'ai pas vus depuis longtemps.

Ils sont surpris de me voir dans leur ville un samedi soir, et je leur explique brièvement la raison de ma présence dans cette région.

L'un d'entre eux me demande où se trouve exactement la maison où je vais aller dormir.

– Pourquoi ? Tu connais ? demandé-je après l'avoir renseigné.

– Il me semble… J'ai un pote qui l'avait louée il y a quelques années. Il a dû la quitter après à peine six mois. Il disait qu'il ne pouvait pas y fermer l'œil. On s'était foutu de lui en disant que ce n'était pourtant pas le voisinage qui devait l'importuner !

– Ah oui ? Pas étonnant.

– Fais gaffe ! me dit-il.

J'accompagne ma réponse d'un clin d'œil.

– T'inquiète ! La bête est résistante !

Vers 22 heures, je reprends la route pour la maison de Gaëlle et Jean-Marc.

Conduire seule la nuit dans la campagne profonde a quelque chose de fascinant. J'ai toujours senti respirer les forêts et les bois peuplés de forces ineffables. La nuit elles sont en action de façon presque palpable, et j'avoue que parfois je ne résiste pas à la tentation d'arrêter ma voiture pour pénétrer à pied dans cette masse sombre et frémissante. J'y fais quelques pas puis j'en ressors inexplicablement renforcée.

Ce soir, je n'ai pas le temps de m'arrêter. Je file sur les petites routes un peu tortueuses pour enfin regagner la maison à problèmes.

En me garant dans la cour, je ressens une oppression immédiate. Avec l'obscurité environnante, la demeure a pris des airs peu amènes. Je rentre en silence, en prenant garde de ne pas déranger mes hôtes, que j'aperçois dans le salon, réunis tous les quatre devant la télévision.

Les enfants sont endormis sur le canapé, la tête sur les genoux de leurs parents.

– Entrez, me dit Gaëlle, qui m'a entendue arriver. Vous voyez, même dans notre chambre, ce soir, nous n'étions pas à l'aise.

– Que s'est-il passé ? demandé-je, étonnée.

– Rien... Nous sommes tous inquiets, sans savoir pourquoi.

Je regarde Jean-Marc qui, assez ironique, assène son verdict :

– La névrose gagne du terrain, tout le monde va devenir cinglé !

Je le recadre aussitôt.

– Ne parlez pas de névrose mais de peur. La peur est une alarme. Cette peur est provoquée par une sensation que chacun de vous, de nous devrais-je dire, ressent ici ce soir.

Il reste muet, apparemment perturbé par cette situation où toute explication rationnelle lui échappe.

– Il s'est passé quelque chose ? insisté-je.

– Non... rien... dit Gaëlle, mais c'est tout comme... Quelle angoisse ! Vous avez soif ? Que puis-je vous servir ?

– Un café ne serait pas de refus. Tant pis si je ne dors pas. Je crois que la nuit va être longue...

Je sais par expérience que lorsqu'une entité pressent une intervention la concernant, elle devient plus présente dans les lieux et les esprits.

L'atmosphère s'est peu à peu détendue, et j'en ai profité pour conseiller à la famille d'aller se coucher. Les enfants ne s'étaient pas réveillés.

Tandis qu'ils prenaient la direction de leur chambre, je décidai d'aller « veiller » dans la chambre d'Anna.

*

En montant l'escalier, je n'étais pas franchement décontractée, et je sentis rapidement que là-haut j'étais attendue.

Je m'allongeai sur le matelas, et tentai de fermer les yeux pour me relaxer un peu. Je n'y parvins pas. Entre veille et sommeil, je voyais des figures grimaçantes tourner sur un carrousel diabolique et je n'avais pas vraiment besoin d'une telle vision. Puis j'entendis un craquement près de la porte, trop intense pour être le simple craquement d'une poutre. Je m'assis sur mon lit après avoir allumé la lumière, constatant la vapeur qui sortait de ma bouche à chaque expiration. Il faisait froid.

Je fixais un angle de la pièce derrière une poutre : c'est là que je sentais sa présence, si lourde. « Pourquoi vous voulez m'chasser ? » : cette phrase prononcée avec un accent particulier résonnait à nouveau dans ma tête, plus agressive que plaintive. Je décidai d'intervenir :

– Il est temps de s'expliquer. Montrez-vous. Je n'ai aucune mauvaise pensée contre vous. Je ne veux pas vous chasser.

J'aperçus alors comme une lueur, très pâle d'abord puis qui s'obscurcit jusqu'à disparaître. Je n'avais pas l'impression d'appartenir à notre réalité mais je me sentais dans un autre temps et voyais désormais, face à moi, un être du XVIIIe siècle, avec sa colère et son désir de vengeance.

Pour la première fois, je discernais les détails de son visage. Il était roux, avec un nez camus et des petits yeux. Un visage buriné et marqué par la pauvreté.

J'étais paralysée.

– Comment vous appelez-vous ?

– … Je sais pas…

– Vous avez oublié ?

– J'ai pas pris l'soc !

– De quoi parlez-vous ?

En réponse à ma question, il me vint à l'esprit une profusion d'explications que je devais remettre bout à bout devant le visage figé de cet homme.

Il parlait sans ouvrir la bouche, sans mouvoir le moindre muscle de son visage, tel un portrait qui émettrait des pensées.

Il avait été accusé d'avoir volé un soc de charrue par le fermier, qui l'avait renvoyé sur-le-champ. Il prétendait encore ne pas l'avoir pris et, devant cette injustice supplémentaire (il me confia que son existence avait été faite d'injustices), il avait décidé de se venger et de mettre le feu à la ferme.

Je me rappelai l'horrible scène à laquelle j'avais assisté dans mon rêve, et lui demandai si ce crime lui avait procuré un peu de paix. Il répondit que la paix n'était pas de ce monde et qu'il en avait assez d'être chassé. Le bon Dieu et la bonne Dame du Ciel l'avaient oublié depuis bien longtemps dans leurs prières, alors il avait décidé de ne plus accepter le malheur. Il les avait tous tués dans la maison… L'avoir accusé sans preuve, puis chassé sans merci ! Ah ça non ! Ça ne lui porterait pas fortune, à ce coquin de maître !

Je ressentais la rudesse de ses pensées, sans doute liée à une époque qui était tout aussi implacable pour les pauvres gens. Il s'était vengé d'une accusation qui l'avait humilié, et poussé à commettre l'irréparable. Il n'éprouvait aucun remords et répétait que la paix ne faisait pas partie de ce monde.

Comment pouvais-je lui expliquer sa condition ? Je ne le sentais pas capable d'entendre mes explications sur sa mort, le fait qu'il s'était lui-même damné. Résultat : tandis que le fermier et sa famille avaient trouvé la lumière depuis longtemps, lui en était encore à ressasser son histoire de soc.

Je lui parlai avec douceur, lui disant qu'il était sans aucun doute innocent de ce vol.

Il renchérit :

– C'est Vicaire qui l'a pris.

– Le vicaire ?

– Non, celui qu'on appelait Vicaire parce qu'il savait la messe.

– Je vous crois.

Je croyais vraiment cette confession post mortem, une histoire de misère et de pauvre hère qui se disait abandonné de Dieu et de la « Dame du Ciel ». Je savais combien, chez les esprits des siècles passés qui hantent encore notre Terre, les symboles religieux étaient importants, tout comme ils l'étaient à leur époque où l'Église était garante de la moralité de chacun et vous menaçait très vite du châtiment éternel. En réalité, ces âmes égarées se condamnent souvent toutes seules, décrétant qu'elles ne méritent pas le paradis, ou qu'elles ont été oubliées de leur Seigneur, comme cet homme qui était devant moi.

J'avais si froid que j'enfilai un pull sans cesser de fixer cette image qui m'envoyait toutes ses pensées.

– Je veux plus être chassé.

– Vous ne le serez plus, le rassurai-je de tout cœur.

Je pensais à son malheur et à celui de la famille qui vivait maintenant dans cette maison et qui avait besoin de retrouver sa quiétude.

– Vous êtes si seul, et je sais que vous n'êtes pas méchant.

– J'l'étais pas, non. Y m'appelaient tous le brave Jacquot.

– Vous vous appelez Jacques ?

– Oui… J'crois bien…

Je devais accélérer le processus car je sentais que j'étais en train de m'épuiser malgré toute l'énergie que l'on m'envoyait de l'autre côté pour aider au départ de ce pauvre homme.

La terreur de la demeure était donc ce « brave Jacquot », un journalier un peu simple, qui avait toujours travaillé dans cette ferme, et qui, se voyant chassé, avait perdu tout espoir de survivre. Il avait vécu caché dans les bois près de la maison encore quelque temps, avant, probablement, d'y mourir de froid.

Depuis il revenait contempler son incendie, perturbé par le passage d'intrus qui modifiaient le champ vibratoire de son illusion. Il cherchait à les faire fuir pour continuer de se repaître de sa vengeance. Il ne percevait que les enfants, qui comme on le sait captent aisément les fantômes, et en sont vus aussitôt.

– Peut-être bien qu'il est temps d'aller voir le bon Dieu et la bonne Dame, suggérai-je à celui qui s'en était dit abandonné.

Je le sentis vaciller pour la première fois. Un frémissement émotionnel se logea dans mon estomac, et me donna le courage de continuer sur ma lancée.

– Il y a toujours une petite place bien au chaud pour chacun d'entre nous en ce monde. Vous le savez, Jacquot ?

Mes mots me semblaient stupides, ils l'étaient sans doute alors que je les prononçais à haute voix.

L'image du visage disparut ainsi que le froid, mais rien n'était réglé. Brave Jacquot avait tiré sa révérence, sans doute touché par ce qui venait de se passer, mais n'était pas parti pour autant.

J'étais exténuée. Je dormis profondément et d'un sommeil sans rêves.

– Vous avez une drôle de tête ! me dit Gaëlle le lendemain matin. Alors ? Comment ça s'est passé ?

Je lui racontai mon aventure nocturne lorsque Jean-Marc vint nous retrouver.

Les enfants dormaient encore et, pour la première fois depuis longtemps, ils ne s'étaient pas réveillés pendant la nuit.

– Vous croyez qu'il est parti ? demanda Gaëlle.

– Franchement, je ne le crois pas. Pas encore.

– Quelle histoire ! s'écria Jean-Marc, sans que je sache s'il prenait soudain tout cela au sérieux ou s'il se moquait de moi.

– Allez ! Osez le dire ! Une histoire de fous ! plaisantai-je.

– Que fait-on maintenant ? me demanda Gaëlle en me raccompagnant à la voiture.

– On vit, et on attend. On devrait avoir une accalmie pendant un bref moment. On se tient au courant.

*

Les jours qui suivirent furent en effet très calmes, autant pour moi que pour la famille creusoise. Gaëlle m'appela pour me dire que l'atmosphère de la maison était devenue plus légère, et que les enfants étaient même retournés jouer dans leur salle de jeux, ce qu'ils ne faisaient plus depuis un bon moment.

– Je pense qu'il n'y a plus rien, conclut-elle.

– Je ne le crois pas, répondis-je. Nous sommes sur la bonne voie, mais ce n'est pas encore fini. Je ne veux pas jouer les oiseaux de mauvais augure mais je pense que nous n'allons pas tarder à le voir se manifester.

Une semaine s'écoula sans que rien ne se produise.

Les enfants n'avaient pas pour autant regagné leur chambre pour y dormir. Noah ne voulait pas et Anna ne se sentait pas prête. Je savais qu'il y avait une bonne raison à cela, car les enfants sont très intuitifs.

Deux semaines plus tard, alors que j'étais à la maison, je reçus un appel vers 23 h 30. Je vis le nom de Gaëlle s'afficher sur mon téléphone.

– Que se passe-t-il ? demandai-je en écourtant les politesses d'usage.

– C'est Noah ! Il dit que le type est dans sa chambre !

– Où est Noah ?

– Là, près de moi, je vous le passe.

Noah pleurait. Il était sous le choc. Alors qu'il dormait dans la chambre de ses parents, il avait été réveillé par une sensation de présence à ses côtés. Incapable d'hurler, car paralysé par la peur, il avait vu un homme au « nez écrasé » le regarder et lui sourire.

L'homme était sorti de la chambre sans quitter son regard et Noah l'avait entendu monter lourdement les escaliers ; il affirmait qu'il s'était arrêté dans sa chambre à lui.

Noah avait réveillé ses parents, qui, eux, ne voyaient rien d'anormal tandis que leur fils continuait de dire : « Il est dans ma chambre ! Il est dans ma chambre ! »

Anna, quant à elle, ne s'était même pas réveillée.

Je savais que le « brave Jacquot » n'avait plus de mauvaises intentions. Il n'avait pas choisi d'apparaître à Noah sous une forme noire terrifiante, mais avait gardé son aspect, sa tenue de manant d'autrefois, qui pouvait encore paraître étrange au petit garçon.

Il ne se cachait plus et, apparemment, s'était débarrassé du fardeau de la colère. C'était un premier pas important effectué par sa conscience, qui avait compris que cette situation ne pouvait plus continuer et, surtout, que quelqu'un lui tendait la main.

Il avait choisi de se montrer au petit garçon, le plus sensible étant donné son âge, pour l'un de ses ultimes passages dans la demeure.

Je rassurai Noah, en lui disant que rien d'autre ne se passerait ni ce soir, ni dans les jours suivants, et que bientôt il ne verrait plus jamais « le monsieur au nez écrasé ».

Durant la même nuit, en m'endormant, je vis les faces grimaçantes du carrousel de l'horreur, avant de sombrer dans un profond sommeil.

J'en fus tirée vers 3 h 30 du matin, heure souvent choisie par les entités pour se manifester, non parce qu'elles sont ponctuelles, mais parce qu'il semblerait qu'à cette heure-là un pont se forme entre nous et les autres dimensions.

Je me réveillai brutalement et devant moi, au pied de mon lit, se tenait un homme aux cheveux roux, au nez écrasé, debout dans des vêtements propres et soignés, un chapeau noir aux larges bords tenu serré contre sa poitrine. Pour la première fois sans doute depuis longtemps, son regard était doux.

– J'm'en va, me dit-il.

– … C'est bien, balbutiai-je.

– Y sont v'nus m'chercher… J'va expier.

– Tu vas surtout comprendre, Jacquot. Tu ne vas plus être seul et pouvoir travailler dans la paix.

– Merci bien.

Je le regardai, et remerciai à mon tour tous ceux qui s'affairent de l'autre côté pour, profitant des êtres incarnés qui veulent bien donner un coup de main, accueillir les âmes prisonnières d'une dimension où elles n'ont plus rien à faire.

Cet amour dont il avait cruellement manqué allait panser les plaies du brave Jacquot, sans doute lui permettre de prendre conscience de l'horreur de son acte et peut-être, qui sait, par des moyens qui nous sont ici inconnus, de réparer le mal qu'il avait fait.

Jacquot s'est évaporé sous mes yeux, laissant planer une atmosphère légère et douce. Il était donc entre de bonnes mains.

*

Les jours passèrent et plus rien n'advint dans la maison creusoise. Nous étions tous néanmoins encore très secoués, car il est difficile d'oublier et de se remettre rapidement de telles expériences, pour la bonne raison qu'on ne peut pas en parler autour de soi, au risque sinon de passer pour des déments, et parce que le lieu de vie, refuge suprême dans un monde tourmenté, lorsqu'il devient peu sûr, nous plonge dans un désarroi dont on met un certain temps à se débarrasser.

Trois semaines plus tard, pourtant, Gaëlle m'appela pour me dire que Noah avait fait un rêve étrange. Il avait vu un petit garçon et une petite fille, habillés comme autrefois, venir le remercier et lui dire qu'ils étaient heureux. Il a ajouté que derrière eux se tenaient leur papa et leur maman qui souriaient.

Le petit garçon avait trouvé ce rêve plutôt « bizarre mais bien » et s'en était ouvert à sa maman au petit déjeuner.

Gaëlle avait fait le rapprochement avec la famille des victimes, et s'était dit qu'aucun acte d'amour ne reste isolé, mais crée une onde bénéfique dont on ne sait où elle prend fin.

Aujourd'hui, la famille coule des jours heureux et n'a plus de visites désagréables. Les enfants dorment à nouveau dans leurs chambres.

– 3 –

ISMÉRIE OU L'EMPRISE

Habiter un nouveau lieu, une nouvelle demeure, c'est comme partir pour une nouvelle aventure durant laquelle vont se révéler de nouvelles facettes de soi. Nous sommes toujours influencés, où que nous soyons, par ce qui nous entoure et il est évident que l'ambiance laissée par les précédents propriétaires, dans les maisons que l'on achète, va jouer sur nos états d'âme, que nous en soyons conscients ou pas.

Ce qui est arrivé à Adèle est une histoire extraordinaire que j'aurais pu lire dans un *Club des Cinq* lorsque j'avais douze ans.

J'ai entendu parler d'Adèle par mon amie Annie. Adèle ne vit pas très loin de Montluçon, dans une maison ancienne et il semblerait que cette femme, veuve depuis de longues années, partage des choses étranges avec l'invisible.

Voilà ce que m'en a dit mon amie, et elle a ajouté :

– J'aimerais que tu la rencontres.

– Certainement, ai-je répondu pour ne pas la contrarier.

Les jours et les semaines passent et l'idée de rencontrer Adèle passe avec eux, jusqu'au matin où je reçois un appel d'Annie qui, elle, n'a pas oublié sa proposition.

– Tu es toujours OK pour aller voir Adèle ?

À vrai dire je ne me posais plus la question.

– En quoi cette visite est-elle nécessaire ? demandé-je, pas très enthousiaste.

– Tu verras bien ! Tu ne travailles pas demain. Je passe te chercher en fin de matinée.

Que répondre à une telle détermination ?

Le lendemain, nous roulions sous le soleil printanier du Bourbonnais, lorsque nous avons décidé de nous arrêter pour déjeuner.

– Tu n'as pas l'air très emballée par cette visite, remarque mon amie.

– Tu sais, des gens qui vivent avec des fantômes, j'en vois et j'en entends tous les jours. Et parmi tous ceux qui pensent assister à des phénomènes paranormaux, beaucoup le souhaitent seulement et inventent le reste.

– Et pourtant, Adèle a vécu une longue et passionnante histoire ! Elle n'en parle à personne, et a accepté de te recevoir sur mon insistance. Tu me remercieras !

Au début de l'après-midi, nous nous engagions dans l'allée d'une jolie propriété à l'écart du village.

La maison avait plus des airs de manoir victorien que de gentilhommière. Elle avait une apparence austère malgré les fleurs qui tentaient de l'égayer. Cette femme vivait seule ici, assez loin de tout.

Après avoir sonné à la lourde porte, nous attendîmes de longs instants. Puis la porte s'entrebâilla pour laisser apparaître le visage fin d'une petite dame d'un certain âge, qui m'a immédiatement fait penser à une Miss Marple sortie d'un roman d'Agatha Christie.

Souriante et coquette, elle nous invita à entrer en me manifestant son intérêt et le plaisir de me rencontrer.

L'intérieur des lieux était à l'image de leur propriétaire, et avait tout pour me plaire.

D'un autre âge, Adèle avait gardé une décoration de début du XXe siècle, se préservant de l'intrusion de la mode et de la modernité.

Tout cela n'était sans doute pas un hasard.

Nous l'avons suivie dans un long couloir joliment agrémenté de plantes et de tableaux avant d'arriver dans un petit salon au style suranné, mais tellement reposant…

– J'aime votre maison, ai-je laissé échapper, sous le charme mystérieux de l'endroit.

– Elle appartenait à la famille de mon mari, je vis ici depuis plus de soixante ans, et jamais je n'aurais pu la quitter, me dit Adèle avec une étrange conviction.

– Trop de souvenirs ?

– Trop de connaissances… rectifia-t-elle, mystérieusement.

– Je ne lui ai encore rien dit, précisa mon amie à l'adresse d'Adèle, en me désignant.

– C'est une drôle d'histoire, poursuivit notre hôtesse. Avez-vous un peu de temps ?

– J'ai tout mon temps, répondis-je, avide d'en savoir plus.

– Mon père était anglais. Je ne sais pas si cela me rend plus perméable aux problèmes de fantômes, mais j'y vois un signe. Il a épousé ma mère qui était bien française, elle, et ils sont venus s'établir dans la région.

» J'ai rencontré celui qui allait devenir mon époux durant mes études littéraires. Il est devenu professeur universitaire, et moi je n'ai jamais exercé de profession car je me suis mariée très tôt, et à l'époque, beaucoup de jeunes femmes s'occupaient encore uniquement de leur mari, de leurs enfants et de leur maison, sans exercer un métier particulier.

» Cette demeure où vous êtes était celle où

vivaient mes beaux-parents. La mère de mon mari était une femme joviale et étrange à la fois, très portée sur les arts divinatoires et les ouvrages ésotériques. Dans ces années-là, c'était plutôt mal vu.

– Et cela n'a pas changé ! » me suis-je permis d'ajouter.

Elle sourit d'un air entendu et poursuivit :

– Mon beau-père, lui, était un industriel du sud de la France. Il avait hérité cette propriété de son père, qui la tenait lui-même de son grand-père, ce qui nous fait remonter sa construction à l'année 1852. La famille était prospère et fière de le montrer. Ma belle-mère faisait toutes sortes de séances de spiritisme avec ses amies, grande distraction des dames oisives des années 1930.

– Cela non plus n'a pas trop changé, remarquai-je.

– Je sais, répondit Adèle… Mais c'est dangereux et très vite nous avons eu une quantité de problèmes. Elle avait fait entrer des esprits maléfiques, et mon beau-père, catholique et las de tout ce « bazar », a fait venir un prêtre pour renvoyer à leurs enfers tous ces intrus démoniaques.

J'allais lui demander si ces gêneurs avaient disparu à la suite de cet exercice, mais elle ne m'en laissa pas le temps.

– J'avais un peu plus de vingt ans lorsque je suis venue vivre ici, m'apprit-elle. J'ai peu de souvenirs de tout cela, sans doute ai-je voulu oublier beaucoup de choses, quand je me suis retrouvée veuve… Nous avons eu beaucoup de paix et de bonheur ici, et pendant des années j'en ai profité, en compagnie de mon mari, de mes beaux-parents et de mes chers parents qui n'habitaient pas très loin. Mais la vie fait son œuvre et la mort ramasse les copies. Tout le monde s'en est allé peu à peu, et je suis restée seule ici. C'est là que tout a commencé.

Qu'est-ce qui avait commencé ?

Je pouvais imaginer ce qu'elle allait me raconter, que peu à peu, dans sa solitude, elle avait eu l'impression de ne plus être vraiment seule, recevant des signes de son époux : une plume d'oiseau trouvée çà et là, des papillons qui se posaient sur son épaule, autant de preuves que l'au-delà lui laissait des indices. Des récits que j'entendais si souvent…

Il n'en fut rien.

– Vous pensez certainement que c'est à ce moment que j'ai commencé à communiquer avec mes défunts ? me dit Adèle, comme si elle lisait dans ma tête. Eh bien, pas du tout !

Elle se leva de son siège pour me tendre un morceau du cake qu'elle avait préparé pour notre venue.

– Non merci, lui répondis-je, éloignant la tentation d'un geste de la main.

– L'affaire est beaucoup plus passionnante, m'annonça-t-elle en défroissant sa jupe avant de s'asseoir. Je n'ai jamais souffert de solitude, et je me suis habituée à la mort, car étant donné mon « grand âge », j'ai perdu beaucoup plus d'amis qu'il ne m'en reste actuellement. J'avais vécu la maladie de mes beaux-parents et celle de mon mari dans cette même maison, je souhaitais m'y retrouver en paix, et sereine. Pardon d'insister, mais je ne souffre pas de solitude, je lis, j'écris et je reçois des amis pour des parties de bridge.

« Tout Miss Marple », ai-je pensé, me gardant de dire quoi que ce soit pour laisser mon interlocutrice poursuivre son récit.

*

– Tout a commencé six mois après la mort de mon époux. Je venais de traverser une période de grande fatigue. J'avais beaucoup veillé sur lui durant sa maladie, et mes nuits comptaient peu de sommeil. Je commençais à me remettre physiquement lorsqu'un soir, alors que j'étais dans le salon d'à côté en train de regarder la télévision, j'entendis clairement des bruits de pas dans le couloir. Madame Robin, ma femme de ménage, avait fermé portes et grilles, j'en étais sûre, car c'est ce qu'elle faisait chaque fois en partant, possédant les doubles des clés que je gardais sur moi.

– Et alors ?

– Je me suis levée pour aller voir si ce n'était pas elle qui était revenue, mais il n'y avait personne. La porte était fermée et le silence régnait de nouveau dans la maison.

» Un quart d'heure plus tard, j'entendis à nouveau des pas mais au-dessus de ma tête, cette fois, dans ma chambre au premier étage.

» Quelqu'un se déplaçait dans la pièce. J'avoue que j'avais peur, mais la curiosité fut la plus forte. Je suis montée très doucement, m'étant munie d'une canne – je sais que c'est ridicule –, au cas où je serais attaquée par… je ne sais quoi.

» Personne ne m'attendait là-haut.

» Je n'ai plus rien entendu de toute la nuit. »

Là, j'ai demandé à Adèle plus de précisions.

– C'était la première fois que cela se produisait, ou votre défunte belle-mère avait déjà connu de telles manifestations après ses séances de spiritisme ?

– Je n'en sais rien mais je ne me souvenais pas d'en avoir entendu parler ni d'en avoir été le témoin. Or, quelques jours plus tard, j'étais en train de lire dans le salon où nous sommes quand mon regard fut attiré vers la porte, je ne saurais dire pourquoi. Je vis passer une silhouette.

J'ai pensé aussitôt qu'elle allait me servir l'image classique du « fantôme », la silhouette habituelle du « grand moine ».

– Une silhouette noire, et très haute ?

– Non... Plutôt petite et vêtue de bleu. Je me levai rapidement, me hâtai vers le couloir et... Rien. Mais j'avais bien vu quelqu'un, alors que j'étais seule à la maison depuis de longues heures.

Mon amie était accrochée aux lèvres d'Adèle et jetait furtivement des regards vers moi pour s'assurer de mon intérêt pour le récit.

– Vous aviez peur, bien sûr, avançai-je.

– Oui... pas tant du fait qu'il y ait un fantôme, car je croyais en leur existence, mais parce que je voulais savoir s'il était bienveillant.

– Je comprends... C'était il y a combien de temps ?

– Après la mort de mon mari, comme je vous l'ai dit. Il y a vingt ans maintenant.

– Et cela a cessé ?

– Non ! Cela a continué. Des pas, des courants d'air sans origine, ou des portes qui claquent en l'absence de courant d'air. Ma femme de ménage elle-même en a été témoin. Elle avait très peur, et venait presque travailler à reculons. Moi j'étais moins effrayée qu'elle. Je suis fille d'Anglais, et chez nous en Angleterre, les fantômes sont très répandus !

– Je sais. Ils font presque partie du folklore, dis-je, légèrement moqueuse.

Elle sourit.

– Vous avez raison, d'ailleurs comment peut-on expliquer ça ? Je me suis toujours demandé pourquoi on trouve plus de fantômes en Angleterre, ou du moins pourquoi on en parle plus là-bas qu'ici.

– Outre les raisons qui tiennent à une autre culture, je pense que c'est un fait assez physique, déclarai-je.

– Que voulez-vous dire ?

– Eh bien, c'est une explication personnelle qui vaut ce qu'elle vaut, mais pour qu'il y ait des chances de voir un fantôme, il faut que l'atmosphère soit très humide, plutôt fraîche, et avec assez peu de lumière. Si l'on observe les caprices de la météo alliés à la configuration des châteaux d'outre-Manche, les conditions sont plutôt réunies.

– Je n'y avais jamais pensé… dit Adèle, songeuse. La maison est ancienne, plutôt humide, les pièces ne sont pas très lumineuses, et l'hiver, j'ai quelques soucis pour les chauffer correctement.

– Mais continuons, si vous le voulez bien, insistai-je. J'ai hâte d'en savoir plus.

– Bien sûr. Un an après la disparition de mon mari, je dormais profondément, il faut vous dire que je prends de légers sédatifs, lorsque tout à coup je fus réveillée par le froid. Un de ces froids intenses…

– Qui vous glacent les os…

– Exactement ! Je me suis demandé si la chaudière n'avait pas cessé de fonctionner, car on était en février, je crois.

– Et alors ?

– Alors je me suis redressée légèrement et au bout de mon lit j'ai vu, comme je vous vois, une femme ! Debout, très visible malgré la pénombre, elle me regardait. Je la revois avec ses traits délicats, sa peau très pâle. D'épaisses mèches de cheveux s'enroulaient comme un bandeau autour d'un joli chignon qui soulignait la perfection de son profil. Elle avait de grands yeux qui mangeaient son petit visage, des lèvres minces, et cette robe bleue, longue, avec un plastron et des manches en dentelle blanche.

– C'est précis, dites-moi ! Vous l'avez vue en trois dimensions ?

– Pardon ?

– Je veux dire, vous l'avez vue en chair et en os, vous paraissait-elle réelle, ou semblait-elle être une peinture, une photo, ou un hologramme ?

– Elle semblait réelle ! Autant que vous et moi ! Je distinguais même les cheveux échappés de son bandeau.

– Elle vous regardait en silence ?

– Oui. Je n'ai même pas eu peur. Elle me semblait… Comment dire ? Familière.

– Vous aviez déjà vu ce visage ? Sur une photo ? Une peinture ?

– Non, jamais, c'est bien là le plus étonnant.

– Et que s'est-il passé ?

– Elle est restée là… dix bonnes minutes, puis elle s'est retournée et s'est volatilisée dans le mur.

Je suis sans doute un peu trop dubitative, mais cette description, si précise, ne me satisfaisait pas. Une femme esseulée, évoluant dans un vide affectif, pouvait très bien imaginer un personnage sorti d'un roman lu il y a quelques années, et lui donner vie. Nombreux sont ceux qui imaginent des fantômes pour donner un sens à leur triste existence. Mais j'ai décidé de laisser Adèle raconter son histoire… On verrait bien.

– Elle est revenue plusieurs fois, dans cette même chambre, et toujours de la même façon :

elle se plantait devant mon lit et restait là, immobile, à me fixer.

– Portait-elle les mêmes vêtements ?

– Oui... Toujours cette robe bleue. Jusqu'au jour où je l'ai vue apparaître avec un collier.

– Un collier ?

– Un collier... Cela m'a frappée et j'ai regardé avec attention ce bijou ancien, qui semblait en or, avec des pierres bleues. Il était très joli.

J'écoutais, toujours sceptique, car la somme de détails qu'Adèle se plaisait à me décrire me faisait penser aux imaginaires des petites filles qui vous dépeignent avec mille fioritures les fées des histoires qu'elles inventent.

– Vous n'en avez pas su davantage sur l'identité de cette femme ? demanda Annie, fascinée par cette aventure.

– Si... longtemps après, car les choses ont évolué. Un après-midi où madame Robin et moi-même étions attablées dans la cuisine, occupées à nettoyer l'argenterie, j'ai eu un étourdissement. Pas vraiment un malaise, mais une sensation indéfinissable, comme si j'étais traversée par une force. Je suis allée m'asseoir dans un fauteuil, aidée par madame Robin et là, j'ai senti mon bras droit, de l'extrémité des doigts jusqu'à l'épaule, se raidir. Il me fallait écrire à tout prix, et j'ai demandé une feuille et un stylo. Je me souviens des traits anarchiques, des boucles et autres gribouillages qui se formaient sous les yeux ébahis de ma femme de ménage. Jusqu'à ce qu'apparaissent des lettres : I-S-M-É-R-I-E.

– Ismérie ?

– Oui... Un vieux prénom qui n'est plus usité de nos jours. J'ai su à ce moment-là que c'était elle qui communiquait avec moi.

– Avez-vous, enfin... a-t-elle écrit autre chose ?

– Non. Mais je savais que désormais, nous étions en communication.

– Aviez-vous entendu parler d'une « Ismérie » auparavant ? Par votre belle-famille, par exemple. Ou bien, aviez-vous trouvé ce prénom dans les archives de la famille ?

– Non. Jamais.

– En tout cas, c'est plus addictif qu'une série américaine ! lança Annie.

– Madame Robin était inquiète et voulait appeler le docteur Garraud, mon médecin, poursuivit Adèle, perdue dans ses souvenirs. Je lui ai demandé de n'en rien faire et surtout de n'en parler à personne. Elle m'a répondu que cela ne risquait pas d'arriver car elle avait trop peur des moqueries.

Adèle riait. Ce qui m'impressionnait chez cette vieille dame, c'est qu'elle racontait tout cela sans trouble, comme si cette histoire était naturelle et logique. Sans doute l'était-elle, pour notre vieille hôtesse...

– Nous avons communiqué de plus en plus. L'écriture automatique était devenue fluide, quotidienne, et c'est ainsi que je fis la connaissance d'Ismérie.

– Vous n'ignorez pas les risques de tromperies voire de manipulations dans ces formes de communication lorsqu'on en abuse ? hasardai-je, toujours suspicieuse.

– Évidemment ! me répondit Adèle. Les mésaventures de ma belle-mère m'avaient alertée à ce sujet. Je ne suis pas une « tête de linotte », je sais ce que je fais.

Je la sentais piquée au vif par ma question.

– Je m'en doute, dis-je pour l'apaiser. Mais les formes de hantise psychique sont multiples et tellement dangereuses ! Un esprit qui veut prendre le contrôle de vos pensées par une furieuse envie d'exister encore ici peut utiliser tous les subterfuges imaginables. Et cette emprise psychologique peut déboucher sur une magnifique dépression, pour ne pas dire une psychose.

– Je ne suis pas folle ! s'écria-t-elle sur un ton péremptoire.

– Loin de moi cette idée, lui affirmai-je.

– Et alors ? s'impatienta Annie à l'adresse d'Adèle. Qui était cette femme ?

Adèle se radoucit.

– Ismérie était la sœur du grand-père de mon beau-père. Elle a vécu ici et y est décédée d'une phtisie nerveuse à l'âge de vingt-quatre ans.

– Vous l'avez su par l'écriture automatique ?

– Absolument. Les textes sont très précis, et j'ai pu retrouver la confirmation des informations dans les archives familiales. Ce qui est étrange, cependant, c'est qu'on y parlait bien de la sœur du grand-père de mon beau-père, mais sans citer son prénom.

L'histoire devenait intéressante.

– Une seule question avant de vous laisser continuer, demandai-je : vous la voyez toujours ?

– De temps à autre, mais beaucoup moins.

– Pourquoi Ismérie ne s'est-elle manifestée qu'après le décès de votre époux ? Y a-t-il une raison à cela ?

– Oui, répondit sans hésiter Adèle. Vous comprendrez lorsque je vous aurai raconté la suite. Ismérie est décédée de phtisie nerveuse. Vous savez ce que c'est ?

– Oui… Enfin je crois… Une forme de tuberculose, je suppose…

– Pas exactement. Ce serait plutôt le nom que l'on donnait à l'époque à l'anorexie mentale, qui n'est pas une maladie moderne contrairement à ce que l'on croit : les premiers cas répertoriés remontent au XVIIe siècle. La fameuse Sissi, l'impératrice d'Autriche, en souffrait. Le saviez-vous ?

– Oui, j'ai lu des choses là-dessus.

– Ismérie était anorexique, poursuivit notre hôtesse. Ses parents la cachaient, gênés de n'avoir pu la marier à un beau parti. D'où peut-être l'absence de prénom dans les archives. Juste « Melle » suivi du patronyme… Mais au fil de nos conversations écrites, dont je vous passe les détails émouvants, j'ai peu à peu découvert la cause de son anorexie.

– Vous nous tenez en haleine, chère Adèle ! s'impatienta Annie.

– L'inceste, déclara Adèle. Ismérie a été violée plusieurs fois par son père.

– Quelle horreur ! s'exclama Annie qui retomba au fond de son siège.

– Eh oui… Que de souffrances silencieuses… soupira Adèle. Cela n'a pas beaucoup changé d'ailleurs. Si Ismérie s'est manifestée à la mort de mon mari, c'est parce qu'il n'y avait plus d'hommes dans cette maison. Les hommes étaient monstrueux à ses yeux, on peut la comprendre étant donné ce qu'elle avait vécu, et elle s'est cachée pendant toutes ces années. Elle est décédée en 1858, je l'ai retrouvée dans l'arbre généalogique de la famille, et depuis elle se cache dans sa chambre, c'est là où j'entendais ses pas, et c'est là où après le décès de mon mari j'avais décidé de dormir. Elle s'est sentie en sécurité avec moi, et a décidé de se faire entendre, dans tous les sens du terme. Vous ne pouvez imaginer l'affection que j'ai pour elle.

Je me gardai bien de répondre. Car je savais que si cette affection était compréhensible, elle pouvait être dangereuse pour Ismérie comme pour Adèle. Se lier à un spectre est une façon de vivre par procuration une autre réalité qui nous tiendrait loin du monde quitte à en perdre les repères, et surtout un risque de retenir éternellement ce spectre dans une dimension qui n'est plus la sienne.

– Vous communiquez toujours avec elle ?

– Non. Nous nous sommes presque tout dit, je crois. Mais... Elle est toujours là et je la vois passer furtivement, parfois. Et puis, ce n'est pas tout.

Adèle se leva délicatement de son siège, et se dirigea vers un petit secrétaire près de la fenêtre. Elle en ressortit un coffret de velours bleu défraîchi. Elle revint vers moi et, d'une façon presque solennelle, me le tendit.

– Regardez ça... Allez-y ! Ouvrez-le...

Ce que je fis, et à l'intérieur, je découvris un collier. Un collier ancien apparemment en or, serti de pierres bleues, que je regardai de près.

– Lapis-lazuli, précisa Adèle.

– C'est… C'est le collier dont vous nous avez parlé ?

– Lui-même ! affirma notre hôtesse.

– Comment est-ce possible ?

– C'est le collier qu'elle portait parfois et qu'elle avait envie de me léguer. Il lui avait été offert par sa grand-mère. Une affaire de femmes. Je l'ai découvert dans un vieux placard sous des tas d'anciens documents et objets. N'est-ce pas merveilleux ?

Nous étions bouche bée.

– Le plus drôle c'est que je le porte et que parfois je la vois passer avec ce même bijou autour du cou. C'est amusant.

Adèle nous parlait de tout cela avec une telle décontraction qu'elle ne se rendait pas compte que nous étions vraiment troublées par son histoire. Son flegme britannique était déconcertant.

– Et cela ne vous pose pas de problème qu'Ismérie soit encore là ? Je veux dire… Il est peut-être temps pour elle de retrouver une belle paix vibratoire, pour évoluer, avançai-je.

– Elle ne me le demande pas. Elle ne m'a jamais demandé aucune aide. Elle semble heureuse ici.

– J'ai pourtant la sensation que cette situation n'est pas normale, insistai-je. Et pas vraiment souhaitable. Je pense qu'Ismérie continue de se cacher par habitude, non par choix. Certaines manies ont la peau dure, même au-delà de la mort. Ismérie n'a pas pour vocation d'errer ici pour l'éternité. Il est normal qu'elle cherche l'amour, la compréhension et surtout la sécurité, après tant de souffrances et de solitude. Et avec vous, elle se sent en sécurité, c'est certain. Mais elle n'est pas à sa place.

Curieusement, Adèle ne se rebella pas une seconde. Mes mots semblaient l'avoir surprise, désorientée, mais pas irritée.

– Alors que me conseillez-vous de faire ? demanda-t-elle.

– L'aider à partir.

– Je ne sais pas faire cela, murmura-t-elle.

– Moi, si, proposai-je.

– Je… Je… Nous devons en reparler, me dit Adèle. Il faut que je sois préparée.

Puis, retrouvant soudain sa belle désinvolture, à moins que ce ne soit de la pudeur, elle s'écria gaiement :

– Vous voudriez bien venir passer un petit week-end ici ? En plus, je suis une très bonne cuisinière !

*

Dans la voiture, sur le chemin du retour, avec Annie nous avons discuté avec passion.

– Tu n'es pas convaincue ! s'exclama-t-elle à peine avais-je démarré. Et je ne comprends pas pourquoi. Il me semble que son histoire est fantastique, et qu'elle t'a fourni assez de preuves !

– Tout paraît sans doute trop facile, trop « beau » ! répondis-je. Je veux m'assurer que tout cela n'est pas sorti de son imagination.

– Tu trouves qu'elle a l'air d'une folle ?

– Pas du tout, mais il n'est pas besoin d'être dingue pour s'inventer des histoires.

– C'est pour ça que tu y retournes seule dans trois semaines ?

– Absolument.

Pourquoi m'étais-je engagée dans cette aventure ? Après tout Adèle n'avait pas besoin de moi dans cette histoire, elle ne me demandait rien, mais j'avais la sensation que quelque chose n'allait pas. On ne peut pas se satisfaire de vivre avec des fantômes désespérés. La souffrance doit être soulagée, le désespoir, apaisé.

Je me suis préparée à ce week-end, sachant qu'il ne se passerait peut-être rien.

Et je retournai seule voir Adèle. Je ne pars jamais avec qui que ce soit lors de mes investigations paranormales. Au début, j'ai parfois accepté d'être accompagnée mais j'y ai vite renoncé. Il y a toujours des volontaires pour vivre le grand frisson, mais une fois sur place, lorsqu'il se passe quelque chose d'« anormal », la peur, les crises de panique et parfois les véritables névroses qui s'ensuivent ne facilitent pas la tâche. Pour être plus efficace, désormais, je refuse toute compagnie.

Adèle m'a accueillie avec son charmant sourire. Elle m'avait préparé un délicieux dîner. Nous avons papoté un bon moment, échangeant sur nos auteurs préférés, jusqu'à ce que je me décide à aborder le sujet principal.

– Au fait, Adèle, avez-vous eu des nouvelles de notre Ismérie ? Est-elle passée vous voir ?

– Non, je n'ai plus eu aucun signe depuis… juste avant votre dernière visite. C'est curieux. Croyez-vous qu'elle pourrait être partie ?

– Je n'en sais rien, nous verrons bien.

Mes doutes réapparurent. S'il ne se passait rien durant ce week-end, cela ne voudrait pas dire nécessairement qu'Adèle avait tout inventé, mais je resterais sceptique. D'un autre côté, il n'était pas certain qu'il se passerait quelque chose, même si l'existence du fantôme d'Ismérie était vraiment réelle.

Un peu fatiguée, je gagnai la chambre qu'Adèle m'avait réservée.

Très agréable et fleurie par ses tissus et ses tentures, elle n'avait pas du tout l'air d'une chambre où l'on pourrait voir passer un spectre. Je lus un peu et m'endormis profondément. Rien ni personne ne vint perturber ma nuit.

Je me levai à 8 heures, plutôt en forme. Adèle était déjà dans la cuisine.

– *Hello !* lui dis-je, enjouée. Vous savez quoi ? Je vais aller acheter quelques croissants !

– Tout est prêt ! répondit-elle en dévoilant plusieurs assiettes de pâtisseries variées.

– Formidable… Avez-vous eu… une visite cette nuit ? lui demandai-je.

– Rien du tout… Et vous ?

– Rien.

– Vous n'avez rien ressenti ? s'enquit-elle, vaguement déçue, semblait-il.

– Non.

– Vous… Vous doutez de moi, n'est-ce pas ? me dit brusquement Adèle.

J'étais surprise de cette question, qu'elle me lançait plutôt comme une certitude.

– Je vous respecte et ne doute pas de vous, Adèle. Cette histoire est incroyable. J'aimerais juste ressentir la présence d'Ismérie. Avoir un signe de sa part.

– Je sais bien. Mais elle ne s'est montrée à personne. Seulement à moi. Et pourtant je vous assure que tout ce que je vous ai dit est bien vrai !

Adèle avait envie que j'obtienne une preuve de cette présence. Je sentais que cela la soulagerait.

Il a plu toute la journée. Nous avons discuté, et mon hôtesse m'a fait relire tous les messages qu'elle avait reçus, intéressants et toujours très précis.

Se pouvait-il qu'un esprit errant soit si clair dans ce qu'il avait à dire ? Il est vrai que les informations détaillées laissées par une entité peuvent être une preuve ou du moins un gage de crédibilité, mais la plupart des esprits errants n'ont pas la faculté d'avoir en permanence cette grande lucidité, car la mort physique enterre avec le corps une partie des données liées à la vie purement terrestre.

Ce qui m'incita à me poser cette question : Ismérie utilisait-elle les pensées d'Adèle ? L'esprit d'Adèle fusionnait-il avec celui d'Ismérie ? Qui s'exprimait ?

La deuxième nuit s'annonça aussi calme que la première. Ma chambre fleurie m'inspirait le repos, et je m'endormis après un peu de lecture.

J'ouvris les yeux vers 1 h 30 du matin. Je ne saurais dire ce qui me réveilla, mais j'avais la sensation que je n'étais pas seule.

Je distinguai très vite une silhouette au pied de mon lit. Une silhouette féminine. Une robe… Les cheveux tirés… Mais je ne pouvais pas en voir plus.

« Ismérie ? » pensai-je. Mais tout fut si furtif.

Le lendemain matin Adèle m'attendait en bas de l'escalier.

– Elle est passée cette nuit. L'avez-vous vue ?

– Oui… Enfin non… Je n'ai pas vu grand-chose.

– Oui ou non ?

– Oui, Adèle. J'ai bien vu une silhouette mais rien ne dit que c'est elle.

– Qui voulez-vous que ce soit ? s'énerva-t-elle.

– Ou plutôt qu'est-ce que *vous* voulez que ce soit ? rectifiai-je, pour en arriver au fait. J'ai vu une image, mais rien ne dit que c'était un esprit errant. Elle pourrait sortir de votre esprit. Les fantômes, nous les activons, et parfois nous les créons. Il arrive que nous matérialisions nos désirs les plus profonds.

– Je ne comprends pas, que voulez-vous dire ? objecta Adèle, complètement perdue. Je ne vois pas comment on peut créer quelque chose qui n'existe pas et lui donner une forme !

– Prenez les cas d'hystérie au XIXe siècle, lui expliquai-je en l'accompagnant vers la cuisine.

Je parle de ce siècle car avec sa société guindée, ses femmes corsetées et la mode des tables tournantes, il a généré des cas d'hystérie spectaculaires. Freud n'a pas manqué de s'y intéresser, d'ailleurs.

– Par exemple ? demanda sèchement Adèle, sans doute choquée par le mot « hystérie ».

– Par exemple, les pluies de pierres ont bel et bien existé. Plusieurs cas ont été mentionnés. Chaque fois, ces pierres bien matérielles et très menaçantes, même si elles ne sont jamais dangereuses, s'abattent sur quelqu'un, à l'intérieur d'un lieu (hôpital psychiatrique, hôpital, sanatorium), et l'on note qu'elles sont toujours liées à la présence d'une personne déterminée. Lorsque cette personne s'absente, la pluie ne se produit pas. On peut donc en conclure que cette personne la produit inconsciemment, matérialisant une colère qu'elle ne parvient pas à dépasser. Il en est de même pour les mystérieux coups dans les murs et autres poltergeists.

– Polter… quoi ? balbutia Adèle.

– *Poltergeist* est un mot allemand qui signifie « esprit qui fait du bruit ». Quand on a affaire à un phénomène de ce genre, il faut juste définir chaque fois d'où vient l'esprit. Et souvent il provient d'un humain incarné comme vous et moi.

– Vous voudriez dire que c'est moi qui produis l'apparition d'Ismérie ? Mais je ne l'ai pas inventée ! Elle existait bel et bien ! Je l'ai retrouvée dans cet arbre généalogique ! Et le collier ?

– Sans doute avez-vous été inconsciemment guidée dans vos investigations. Ismérie vous a parlé de ce collier, cadeau de sa grand-mère, certes. Mais comment avez-vous eu l'idée d'aller fouiller dans ce placard sous une montagne de papiers et d'objets ? Je ne mets pas en doute votre sincérité. Je me pose juste des questions sur la relation fusionnelle que vous entretenez avec Ismérie.

– Fusionnelle ?

– Oui. Jusqu'à quel point pouvez-vous vivre sans sa présence et jusqu'à quel point influence-t-elle votre vie et s'exprime-t-elle à travers vous ?

– N'est-ce pas le cas dans chaque hantise ?

– Non, ce n'est pas toujours le cas. Et ici, c'est plus qu'une hantise, c'est une « emprise », et c'est aussi dangereux que néfaste.

Là, à ma grande surprise, au lieu de poursuivre son questionnement, Adèle me demanda froidement :

– Quand repartez-vous ?

– Ce soir.

Elle partit s'affairer dans la cuisine, prétextant qu'elle avait un gâteau dans le four, mais je sentis qu'elle était déçue de ma réaction. Elle avait ouvert son cœur à une ingrate qui, au lieu de s'émerveiller, doutait de la valeur de chaque diamant qu'elle lui livrait. Je m'en voulais d'être aussi exigeante et tatillonne, mais je me disais que dans ce domaine, se contenter de peu, et surtout de l'à-peu-près, ne permet pas de grandes avancées.

– Adèle, il faudrait la faire partir, insistai-je en entrant dans la cuisine.

– Pourquoi ? demanda-t-elle, le regard affolé.

– Pour vous délivrer toutes les deux... Depuis quand n'avez-vous pas mis le nez dehors ?

– Je ne vois pas le rapport.

– Il y en a un, je vous assure. Depuis que tout ceci a commencé, vous sortez de moins en moins et vous ne voyez presque plus personne, m'a dit Annie.

– Par la force des choses ! Je suis âgée. J'ai plus de difficultés pour me déplacer.

– Vous savez, chère Adèle, l'emprise est insidieuse, on ne sait pas où elle commence ni où elle finit... Au début la présence d'Ismérie était réconfortante, un autre membre de la famille arrivait pour vous tenir compagnie. Elle vous faisait confiance et vous lui faisiez confiance, puis comme elle vivait cachée vous avez commencé à vous faire plus discrète dans le village, à inviter moins vos amis, comme pour répondre à son désir de solitude. Si vous avez raconté votre histoire à mon amie Annie, c'est parce que vous en aviez l'autorisation.

– Quelle autorisation ?

– Celle d'Ismérie ! Elle vous a poussée à vous confier à elle parce que Annie a vécu la même tragédie durant son enfance, l'inceste. Ismérie l'avait ressenti. Elle savait qu'elle pouvait comprendre…

– Comment est-ce possible ?

– Tout est vibratoire, surtout les informations que nous détenons. Et les esprits les ressentent aisément. Annie était en mesure d'entendre cette histoire, d'avoir une immédiate compassion pour la jeune fille abusée par son propre père. Ismérie cherche ce qu'elle n'a jamais trouvé de son vivant : la compassion. Elle se nourrit de votre compassion qui est devenue sa force de survie ici.

– Et alors ? rétorqua Adèle. C'est très bien, vous ne trouvez pas ?

– Peut-être. Mais c'est une première étape seulement, cela ne doit pas devenir un état permanent, ce n'est pas ce qu'il lui faut. Elle doit partir pour trouver la sérénité. Elle doit guérir et trouver cette force d'amour qui permet d'évoluer.

Adèle resta pensive quelques instants, et finit par dire :

– Je suis d'accord. C'est logique.

Je restai sidérée. Je n'aurais pas cru qu'elle céderait si facilement. Mais peut-être avais-je réussi à lui faire comprendre que cette osmose entre elle et Ismérie était malsaine. Et peut-être qu'Ismérie, de son côté, avait admis qu'elle avait un autre chemin à suivre, allez savoir…

– Alors, si vous voulez vraiment l'aider, insistai-je, il vous faut souhaiter son départ vers la paix. Cela lui évitera de pomper votre énergie et elle sera enfin accueillie là où on l'attend.

– Comment dois-je procéder ?

– Pensez à elle ou priez pour elle. La prière est une pensée puissante car concentrée. Demandez-lui de suivre la lumière.

– Mais… La verra-t-elle ?

– Si vous l'informez qu'il y a une grande lumière prête à l'accueillir, je vous garantis que sa conscience saura la trouver.

Adèle parut bouleversée par ce que je venais de lui dire. Il n'est pas facile de se départir de ses habitudes. Elle s'était habituée à cette présence avec laquelle elle communiquait depuis une vingtaine d'années.

– Vous savez, c'est curieux mais… J'ai la sensation que si j'étais informée de son départ… Je me sentirais… Comment dire…

– Vide ?

– C'est cela, dit-elle, songeuse.

– Vous vous êtes tellement habituée à Ismérie qu'elle fait partie de vous. La faire partir serait comme vous séparer d'une partie de vous-même.

– Exactement ! reconnut-elle, très émue.

– C'est le problème avec les hantises ou emprises de ce type. Elles nous retiennent et nous les retenons. Elles sont en nous, et après leur départ il nous faut réapprendre à vivre en comblant un grand vide. Ce vide qui est souvent... un vide affectif.

– C'est... c'est terrible ce que vous me dites là, murmura Adèle.

– Sans doute, mais pas insoluble.

Je restai auprès d'elle toute la journée, la réconfortant et répondant à ses multiples demandes. Je sentais qu'elle avançait pas à pas vers la porte qu'elle allait ouvrir au bout du long couloir où se cachait Ismérie. Elle allait la libérer de plus de cent ans de souffrance.

Elle ne savait pas comment elle allait s'y prendre mais elle avait compris qu'il était temps.

– Pourquoi cette jeune femme n'a-t-elle pas trouvé la lumière à sa mort physique ? Pourquoi ne l'a-t-on pas guidée ? me demanda-t-elle à la fin d'un long entretien.

– Ismérie était attendue comme tous ceux qui franchissent ce cap qu'est la mort, seulement, comme certains, elle n'était pas prête à partir, trop enfermée dans sa douleur psychique, et si peu aimée, si peu aidée. Vous l'avez dit vous-même : dans cette société de convenances de l'époque, on a nié sa douleur et on l'a cachée. À sa mort, elle est donc restée cachée. C'est à nous de lui dire qu'elle peut s'aventurer sans crainte vers le monde qui l'attend.

– Elle ne connaîtra le bonheur que de l'autre côté ? C'est tellement injuste, soupire Adèle, le regard humide.

– C'est le lot de beaucoup d'entre nous. Nous arrivons ici, sur cette Terre, pour apprendre la sérénité du cœur par-delà les épreuves. C'est tellement difficile que peu d'entre nous réussissent à le faire.

– Qu'est-ce qui nous aveugle tant ?

– La douleur et les grands rêves qui parfois nous sauvent mais souvent nous empêchent d'apprécier les petites choses que l'existence nous tend chaque jour et qui sont là pour nous réconforter. Ces petites choses bienveillantes que certains ne considèrent même plus. Comme les esprits errants, nous nous enfermons dans notre douleur et notre désir de contrôler notre vie. C'est un leurre. Nous pouvons choisir mais jamais contrôler.

*

Je quittai la maison d'Adèle dans la soirée. Je savais que la libération avait déjà commencé et que l'esprit d'Adèle s'était sincèrement ouvert, pour accompagner celui d'Ismérie. Ce n'est que quelques mois plus tard que je reçus une lettre de la vieille dame.

« *Chère Amie,*

La Vie nous enseigne sans cesse ce que nous croyions avoir compris. Cette histoire m'a enseigné que même lorsque nous pensons être bon et altruiste, nous agissons sans doute par peur et par égoïsme.

Je veux vous raconter la dernière visite d'Ismérie. Je l'ai vue le soir où vous êtes partie. Je me suis réveillée au milieu de la nuit, elle était là, assise au bord de mon lit, dans sa robe bleue mais sans collier (ce détail est-il important ?). Elle me regardait et pour la première fois, je l'ai vue sourire. Je me suis sentie si bien, si légère…

J'ai compris qu'elle me remerciait, alors je veux vous remercier à mon tour.

"C'est une histoire de fous", comme dirait madame Robin, mais c'est une magnifique histoire dont je sors fière et libérée. Pour combler le vide laissé par Ismérie, j'ai repris une vie plus sociale, entre parties de bridge, club de lecture et réunions entre amies.

Bien sûr Ismérie reste mon secret, mais si vous voulez en parler faites-le. Vous trouverez sans doute les mots justes pour dire que même lorsque nous croyons être seuls et abandonnés, il y a toujours quelqu'un qui nous prend la main.

Au fait, j'ai rêvé de mon mari pour la première fois. Un très beau rêve. Je vous embrasse. Adèle »

*

Ismérie est partie vers l'autre monde car Adèle ne l'a plus jamais revue ni ressentie, mais peut-on dire qu'elle a totalement disparu de la maison ? Sa présence, même si elle n'est plus active, en imprègne les murs, comme celles de tous ceux qui ont vécu ici. Un doux rappel qui laisse dans le cœur d'Adèle une empreinte indélébile.

– 4 –

LE TABERNACLE

Il y a quelques années, le propriétaire d'un hôtel berrichon de la commune de Bouesse dans l'Indre, d'origine britannique, m'avait raconté l'histoire du fantôme qui habitait son établissement, un fantôme qui avait pris pour habitude de pincer ou chatouiller certains voyageurs… J'en riais, n'y croyant qu'à moitié, mais Harry – je crois me souvenir que c'était son prénom – m'affirmait que cet esprit, que lui-même n'avait jamais vu, donnait du fil à retordre à certains clients, sans doute plus sensibles que les autres. Par exemple, un juge australien de passage dans la région était parti en pleine nuit, très fâché par les événements dont son épouse et lui-même avaient été victimes dans leur chambre. Très gêné, il m'avait expliqué qu'au moment de prendre son bain, « quelqu'un était sorti de la baignoire », et qu'un peu plus tard, alors que son épouse se mettait au lit tandis que lui-même était encore dans la salle de bains, elle avait senti deux mains solides et viriles la saisir par les hanches, et lui pincer les fesses. Des épisodes similaires se produisaient régulièrement.

Mais lorsque l'établissement fut vendu à d'autres propriétaires, il sembla que le « fantôme pinceur » ait également mis les voiles.

Ces anecdotes qui inspirent plus les sourires que la peur ne m'avaient jamais alertée sur le fait que des esprits puissent avoir un impact sur notre corps. On connaissait leur possibilité d'agir sur la matière inanimée – des objets qui se déplacent tout seuls ou des portes qui claquent dans certaines situations –, mais pouvoir être saisie par une main invisible, je n'y croyais pas jusqu'au jour où cela m'est arrivé en libérant une demeure de ses miasmes. Une main invisible m'avait en effet retenue par le bras pendant quelques instants. Étrange et terrifiante sensation.

De son côté, mon frère m'a confié avoir subi des croche-pieds venus de nulle part dans le château où il s'est installé il y a une vingtaine d'années. Il avait même été poussé par des mains immatérielles, une nuit où il parcourait les couloirs qui séparaient sa chambre des toilettes. Il en avait été très troublé pendant plusieurs jours.

Tous ces phénomènes sont particulièrement inquiétants car ils laissent planer un risque jusque-là ignoré dans les cas de hantise : l'agression physique.

*

Nicolas est cadre dans une banque, et il lui en a fallu du courage pour m'envoyer ce mail qui me demandait d'intervenir ! Quand on est rationnel et cartésien (quoiqu'il ne soit pas dit que Descartes ne croyait pas aux fantômes), il faut être désespéré et avoir fait le tour de la question pour demander l'intervention d'une « médium ».

Nous sommes dans le Berry, dans la ville de Bourges.

Anne-Sophie et Nicolas ont la quarantaine, trois enfants, lui travaille dans une banque et elle est agent d'assurances. Depuis leur mariage, il y a quinze ans, ils vivent dans une maison de la vieille ville, au cachet certain, et dans laquelle ils ont fait beaucoup de travaux. C'est un quartier qui a tellement gardé son aspect médiéval qu'on peut imaginer y voir passer Jacques Cœur ou Charles VII.

Leurs trois enfants sont en bonne santé, trois garçons qui ont entre six et douze ans : Mathias, Enzo et Lucas.

Toute la famille a vécu tranquille en ces lieux pendant des années, jusqu'au jour où ils ont tous commencé à constater sur chacun d'eux des anomalies physiques qu'aucune raison valable ne pouvait expliquer.

Le mail ne mentionne pas quel genre d'anomalies mais m'invite à leur passer un coup de fil si j'accepte de leur venir en aide. Ce que je fais sans tarder.

Dès que je me présente au bout du fil, Nicolas me lance, sur un ton qu'il voudrait léger :

– J'espère que vous n'allez pas me prendre pour un fou !

Ce sont toujours les premiers mots de ceux qui me demandent un coup de main.

Je le rassure aussitôt.

– Si c'est le cas, alors nous sommes au moins deux !

– C'est à n'y rien comprendre, m'explique-t-il. Depuis un mois et demi il nous arrive des choses très inquiétantes. Il est difficile de vous expliquer tout cela au téléphone. Pourrait-on se voir ?

Bourges n'est pas loin de chez moi, je lui propose donc de leur rendre visite.

Le samedi suivant je sonnais à la porte de cette maison surmontée d'une superbe archivolte du XVe siècle.

C'est Anne-Sophie qui vint m'ouvrir. Jolie et souriante, elle me fit entrer dans le living où moderne et ancien se côtoyaient harmonieusement.

Nicolas m'accueillit avec une chaleureuse poignée de main.

– Merci de vous être déplacée.

– Pour moi, c'est le meilleur moyen de savoir, répondis-je.

Je fus immédiatement saisie par un pincement au niveau du plexus solaire. Une énergie lourde et suffocante me mettait mal à l'aise. J'allais devoir me concentrer pour écouter et comprendre ce qui se passait. Il était certain que nous n'étions pas seuls.

Nicolas entreprit aussitôt de me raconter leur histoire.

– Voilà... C'est arrivé il y a un peu plus d'un mois. Lucas, notre plus jeune fils, s'est levé un matin avec des griffures dans le dos. Pas de celles que l'on peut se faire en se grattant, non, des griffures plus marquées et qui partaient du cou jusqu'en bas des reins.

Je restai silencieuse. J'attendais la suite. Des griffures sur l'un des garçons lorsqu'on en a trois peuvent être causées par les deux autres, par jeu ou au cours d'une bagarre.

– J'ai été choquée de voir cela lorsqu'il m'a dit, en se levant, que « ça le brûlait », me précise Anne-Sophie, anxieuse.

– Le lendemain d'autres griffures sont apparues, cette fois sur la poitrine de Lucas, toujours lui, et nous avons commencé par suspecter ses frères.

– J'en aurais fait tout autant, dis-je.

– Mathias et Enzo nous ont assuré qu'ils n'y étaient pour rien. Et puis ce ne sont pas des bagarreurs, ajouta Nicolas. Ils peuvent se chercher des noises mais jamais ils n'en viennent aux mains.

– Le soir suivant, poursuivit Anne-Sophie, j'ai regardé l'état de son corps avant de le mettre au lit. Eh bien le lendemain matin il y avait de nouvelles griffures !

J'écoutais, en essayant de trouver des explications rationnelles à ces mystérieuses griffures. J'en ai tellement lu sur les cas d'automutilation et de maltraitance que, avant de chercher la cause de l'apparition d'un fantôme, il me faut éliminer toute autre possibilité.

– Lucas est-il ici ? demandai-je.

– Oui bien sûr, vous voulez le voir ? demanda Nicolas.

– S'il vous plaît !

Nicolas partit chercher son fils dans sa chambre et revint avec un petit garçon timide et assez craintif, ce que je pouvais fort bien comprendre.

– Bonjour mon garçon. Alors dis-moi ce qui t'arrive…

Sans dire un mot, il souleva son sweet-shirt pour dévoiler son petit torse zébré de quelques traces de griffures anciennes. Puis son père me montra le dos du petit garçon qui était recouvert des mêmes traces.

Je m'accroupis pour mieux regarder la nature des griffures. Je jetai aussi un œil sur les ongles du gamin qui étaient coupés très court. Qu'est-ce qui avait bien pu causer cela ?

Je ne pouvais m'empêcher de penser aux parents. Dans ma démarche, cette suspicion était obligatoire. Est-ce que l'un d'eux aurait pu se lever la nuit et, pour une raison relevant d'une obscure psychose, infliger à son enfant ces blessures ?

– Qui t'a fait cela ? demandai-je au petit.

– Ch'sais pas, me répondit-il d'une toute petite voix.

– Tu as vu quelqu'un ? Tu as vu quelque chose ?

Il hocha la tête pour me dire non.

– Vous pensez bien que nous avons posé toutes les questions possibles, intervint Nicolas, vaguement agacé. Il dit qu'il dormait et qu'il n'a senti ces griffures qu'au réveil.

Je ne répondis pas. Me revenaient soudain en mémoire des faits qui étaient sans doute éloignés de ce que j'observais mais qui avaient néanmoins un lien avec la situation.

Il y a bien longtemps, alors que j'assistais régulièrement un exorciste, il arrivait – après le combat spirituel que nous livrions contre des agressions invisibles – que, le lendemain, je me réveille avec des hématomes et des douleurs multiples. Comme si, dans la dimension où se livraient ces combats, existait une certaine matérialité qui pouvait avoir un impact sur la nôtre. Ces hématomes se formaient dans la nuit pendant mon sommeil, donc il était possible que de l'autre côté du miroir quelque chose ou quelqu'un estimât lui aussi devoir livrer un combat.

– Lucas est le seul à avoir subi ces griffures ? demandai-je à Nicolas.

– Eh bien c'est-à-dire que... Non ! Mathias et Enzo se sont plaints également.

– Ils ont été griffés ?

– Non. Mathias a découvert des bleus et Enzo dit avoir reçu une gifle alors qu'il était seul dans sa chambre.

– Une gifle ? répétai-je, ahurie.

– Oui… Là, d'ailleurs, nous avons un peu décroché. C'est trop pour nous ! m'avoua Nicolas, comme s'il n'y croyait qu'à moitié.

– Si vos autres fils sont là, j'aimerais bien leur parler.

Leur père partit aussitôt les chercher.

– Avez-vous déjà eu affaire à ce genre de cas ? me demanda Anne-Sophie, que je sentais dépassée par les événements.

– Oui, bien sûr. Dans ce domaine tout est possible.

– Vous trouvez les solutions ?

– En cherchant bien, on trouve. Et quand on trouve on met fin au tourment, sauf si le lieu est condamné à le vivre pour toujours, soit parce qu'il est dans une configuration propice au déroulement de tels événements, par exemple entouré d'eau stagnante, soit parce qu'il a été maudit et la malédiction est un acte énergétique. Ce n'est pas le cas ici, puisque les événements ont débuté il y a seulement un mois et demi.

– Espérons… soupira Anne-Sophie.

Mathias et Enzo entrèrent dans le salon. Bien élevés et souriants, ils vinrent me serrer la main.

– Alors les garçons ? Dites-moi ce qui vous est arrivé.

C'est Enzo qui commença. Plutôt bavard, il me raconta avec entrain qu'un soir, alors qu'il jouait dans sa chambre à un jeu vidéo, il avait reçu une « baffe » si forte qu'il avait les cinq doigts marqués sur sa joue. Il semblait plus amusé qu'inquiet.

– J'étais dans la cuisine en train de préparer le repas, précisa Anne-Sophie. Je le revois arrivant avec la joue toute rouge.

Là encore, je pourrais avoir des doutes. Une histoire de jalousie, peut-être ? Le petit frère attire toute l'attention sur lui avec ses griffures, alors une bonne gifle que l'on se donne soi-même mais qu'on peut sans problème attribuer à un fantôme permet d'attirer à nouveau le regard des parents sur soi.

De plus, Enzo ne semble pas traumatisé. Même réflexion avec Mathias qui me raconte que deux matins de suite il s'est réveillé avec des hématomes sur le dos.

Mais le doute, dans ces cas-là, ne doit être que transitoire. Il aide juste à découvrir la vérité.

– Nous aussi avons senti quelque chose… murmura Nicolas, à peine audible, comme s'il lui coûtait de me faire cet aveu.

– C'est-à-dire ?

– Nous avons une cour derrière, et un petit abri où nous rangeons nos bicyclettes. Lorsque j'ai une journée de congés j'aime bien faire du vélo, et ce lundi-là j'étais en train de réparer une roue, donc accroupi, lorsque j'ai été violemment poussé vers l'avant. Je me suis étalé si brutalement sur le vélo que je me suis vraiment fait mal. J'ai senti deux mains qui m'ont poussé par les épaules. Les enfants étaient à l'école et Anne-Sophie, dans la cuisine, j'étais donc apparemment seul dans cette cour.

– Moi aussi, intervint Anne-Sophie. J'étais en train de ranger mes étagères dans le placard de la chambre, un jour où j'étais seule dans la maison, lorsque quelqu'un m'a tiré les cheveux.

Chacun faisait son « coming out », avouant les inexplicables mésaventures qu'il avait vécues. Il est vrai que l'atmosphère de la maison était bien lourde, mais d'autres raisons pouvaient être la cause de cette ambiance chargée. Je demandai donc si je pouvais visiter les lieux, et voir la cour, ce qui me fut bien sûr accordé.

Comme presque toutes les vieilles maisons, la demeure était peu lumineuse, mais Anne-Sophie et Nicolas avaient su l'agrémenter par des ouvertures et éclairages très agréables. Ce qui attira mon attention se trouvait dans l'angle de la cour.

– C'est un puits ? demandai-je.

– Oui, dit Nicolas. Il a été bouché.

– Certes mais l'eau est là, dis-je en m'approchant. Cette eau qui est conductrice d'électricité, de manifestations électromagnétiques, c'est ce qui permet la matérialisation de bien des phénomènes. Ceux-ci étant caractéristiques et forts, il fallait donc qu'ils trouvent appui sur cette réserve d'eau qui descend profondément dans la terre. Mais ce qui me tracasse, c'est de trouver la raison de ces manifestations qui arrivent quinze ans après votre installation ici. Que s'est-il passé ? Avez-vous fait des travaux ? Cassé des murs ?

– Pas depuis dix ans, me répondit Nicolas.

– Au cours de ces deux derniers mois, avez-vous subi un traumatisme notable, deuil, dépression, choc ?

– Non… Je ne vois pas…

– Avez-vous hébergé quelqu'un peu avant le début de ces agressions ?

– Non… Pourquoi ?

– Certaines personnes portent et transportent des entités qui investissent certains lieux.

– Non… Ma belle-mère vient régulièrement passer quelques jours, mes parents viennent souvent eux aussi, mais je ne crois pas qu'ils pourraient nous apporter ce genre de désagrément.

– Non, bien sûr, et puis surtout cela se serait passé beaucoup plus tôt.

– Vous ne sentez pas de présence ? me demanda Anne-Sophie.

– Je ressens une ambiance chargée, due certainement à une présence mais je ne saurais dire où elle se trouve.

– Vous pouvez faire quelque chose ? s'impatienta Nicolas qui semblait attendre naïvement de ma part une action immédiate.

Comme si l'on pouvait décoder des manifestations subtiles comme on règle un problème bancaire !

– Il me faut chercher, répondis-je.

– Une amie à qui j'en ai parlé m'a conseillé l'encens et les prières, mais je ne suis pas croyante, avoua Anne-Sophie.

Je souris.

– Soyez honnête, vous avez déjà fait venir quelqu'un avant moi ?

– Oui, reconnut Anne-Sophie. Cette amie connaissait une dame qui faisait ces choses-là. Elle est venue, et a fait tout un tas de rituels pour nettoyer, comme elle nous a dit, l'atmosphère. Mais deux jours après s'est déroulé l'épisode des cheveux tirés.

– Nettoyer peut alléger une atmosphère, en effet, mais en aucun cas déloger des entités d'une demeure. Cela les écarte ou les met en sommeil provisoirement, mais bien souvent elles se manifestent peu de temps après le nettoyage. C'est comme une béquille. Lorsque vous vous fracturez une jambe, une béquille vous aide à marcher mais ne soigne pas la fracture. Quand a eu lieu la dernière manifestation ?

– La semaine dernière.

– Avez-vous subi ces assauts simultanément les uns et les autres, ou vous ont-ils frappés l'un après l'autre ?

Nicolas réfléchit puis dit :

– L'un après l'autre. Cela a commencé avec Lucas et s'est terminé, enfin jusqu'au prochain, avec Anne-Sophie.

Ce ou celui qui frappait s'assurait donc bien que chacun soit puni. Les enfants, plus vulnérables, avaient été les premières victimes, et les parents, apparemment plus difficiles à agresser de nuit, je ne sais pour quelle raison, avaient été touchés directement et en plein éveil.

Il me fallait parier sur leurs déclarations car il n'y avait aucune preuve et aucun témoin. L'automutilation inconsciente existe bien, même si je ne voyais pas comment le petit Lucas aurait pu se griffer de la sorte. Je ne constatais, ni ne ressentais aucun déséquilibre dans cette famille. Nicolas m'accompagnait dans différentes pièces de la maison, et si partout j'avais conscience d'une charge énergétique malsaine, je ne parvenais ni à ressentir une présence, ni à situer son lieu de provenance.

Nous avons décidé qu'ils m'appelleraient à n'importe quelle heure du jour et de la nuit au cas où une nouvelle manifestation se produirait.

Avant de les quitter, je demandai les toilettes, et alors que j'en fermais la porte, je reçus un violent coup dans le dos. Le souffle coupé, je sentis une force passer à travers moi pour s'échapper. Nicolas et Anne-Sophie, alertés par le bruit, vinrent frapper à la porte.

– Que s'est-il passé ? Vous allez bien ?

– Oui… Ne vous inquiétez pas… Tout va bien.

Ils s'éloignèrent pendant que je reprenais mes esprits. Qu'est-ce que c'était ? D'où cela venait-il ?

Je sortis des toilettes et croisai le regard interrogateur de mes hôtes que je rassurai rapidement, sans leur souffler mot de ce qui venait de m'arriver, il était inutile de les inquiéter plus que de mesure.

– Bien… Je crois qu'il est temps pour moi de réfléchir à la question. Je vous rappelle très vite.

Dans la voiture, je tentai de me remettre de l'incompréhensible choc. J'avais senti quelque chose, ou plutôt quelqu'un passer à travers moi, mais je n'avais rien vu ni avec mes yeux extérieurs, ni avec ceux de la « médium », que j'appelle mes yeux intérieurs.

Une entité qui utilise la force, et a priori celle qu'il glane çà et là, tout autour de lui, pour agresser ou peut-être, tout simplement, pour se défendre, ne faisait pas partie des cas que j'avais eu à résoudre en vingt ans. Je n'avais pas demandé à mes hôtes l'histoire de leur maison, car il aurait fallu remonter loin dans le temps, et surtout il était probable que s'il s'était agi d'un ancien propriétaire, il se serait manifesté dès leur arrivée.

Puisque personne n'avait séjourné chez eux récemment et qu'aucun d'entre eux n'avait connu de traumatismes, il est évident que quelque chose s'était immiscé dans leur environnement et il me fallait découvrir de quelle façon.

Dans la semaine qui suivit, Anne-Sophie m'envoya un SMS : « Hier soir vers 19 heures, Nicolas regardait la télé avec les garçons lorsque le canapé sur lequel ils étaient assis s'est soulevé ! J'étais dans la cuisine, j'ai entendu leurs cris et lorsque j'ai accouru dans le living, j'ai vu le canapé avec Nicolas et deux des garçons s'écraser au sol. Quelle frousse ! »

« Je peux venir samedi ? » demandai-je aussitôt.

« Nous vous attendons », m'écrivit-elle.

Le canapé qui se soulève avec tout ce petit monde dessus me faisait penser aux cas de lévitation auxquels j'avais assisté une fois lors de mes expériences surnaturelles.

La lévitation est une force importante, plus grande que celle de la gravitation, capable de soulever par des moyens inconnus (en dehors de l'illusionnisme bien sûr) des objets ou des personnes. Il a été raconté mille fois que les grands mystiques lévitaient, donc on peut supposer que, dans le domaine paranormal, la lévitation est liée à une émission importante de matière psychique, similaire à celle des mystiques ou des grands religieux.

L'exemple le plus connu est celui de Joseph de Cupertino, moine italien du XVIIe siècle, qui était connu pour léviter, lors de ses extases. Il lévitait malgré lui, dès que son esprit s'immergeait dans la prière, s'envolant en poussant un cri de surprise, devant des paroissiens ébahis car cela se produisait souvent au cours de la messe. De nombreux écrits de témoins au-dessus de tout soupçon sont consultables à ce sujet encore aujourd'hui.

Pourtant bien des sceptiques sourient de ces histoires. On imagine alors comme il est difficile, pour ces « rationalistes » qui ne se sont jamais posé de questions sur le paranormal ou qui l'ont fui dans le déni, de vivre une aventure comme celle de Nicolas et Anne-Sophie, sans trouver aucune réponse plausible dans le monde matériel. Nier notre mystère et réduire l'homme à ce qu'il voit dans son quotidien, c'est nier le mystère de la vie, son sens et les pouvoirs qu'elle nous octroie. Le dalaï-lama dit : « L'homme occidental est pareil à ce mendiant assis sur un coffre rempli d'or. Il meurt par amnésie, sur les richesses de ses pères. » Comment pouvons-nous penser que tout est si simple, que nous avons fait le tour de l'être humain, de ses forces, et ne laisser le prodige qu'aux grands livres des religions ? Au-delà des traumatismes qu'elles nous laissent, il faut voir dans les manifestations paranormales non seulement parfois l'immortalité de la conscience mais aussi nos infinies capacités à influer sur notre entourage et le cours de notre destin.

*

Le samedi suivant je me suis baladée dans les vieilles rues de Bourges sous un crachin discret et tenace avant de sonner de nouveau à la porte cernée de l'insolite archivolte.

Nicolas et Anne-Sophie me préparèrent un bon thé et me confièrent que l'anxiété s'était accrue les jours précédents.

– Nous dormons moins bien, dit Nicolas, c'est comme si dorénavant nous vivions avec un intrus dans la maison. Nous n'en parlons pas pour ne pas effrayer les enfants, mais surtout parce que nous n'avons aucune réponse à leur fournir, c'est très embêtant.

– Je comprends, dis-je, mais je vous promets que je vais tout faire pour vous libérer de ce poids.

Je refis le tour du propriétaire en sentant bien l'irradiation d'une force puissante dont on ne savait d'où elle émergeait.

Ce qui me frappa de nouveau en étudiant la maison, ce fut la coexistence de ses meubles, tous de belle facture.

– Vous avez un mobilier intéressant. D'où viennent ces vieux meubles ? Des héritages ?

– Je suis un chineur, sourit Nicolas. J'adore fréquenter les antiquaires et les brocanteurs.

– Tiens, tiens… C'est chouette, ça ! Et… Vous avez fait de nouvelles acquisitions depuis les deux mois qui se sont écoulés ?

– Voyons… Non… Je ne sais pas… Ah si ! Ce pichet, là !

Il me tendit un petit pichet en terre cuite posé sur une maie, que je lui rendis rapidement.

– Pas de danger avec celui-là ! dis-je en souriant.

– Il y a bien le truc, là… Tu sais ce truc que tu avais rapporté, hasarda Anne-Sophie.

– Lequel ? s'étonna Nicolas. Ah je vois… Le tabernacle !

– Un tabernacle ? m'étonnai-je.

– Oui… Je l'avais trouvé chez un brocanteur. Un vieux tabernacle du XVIIIe siècle. Il le possédait depuis des années et n'arrivait pas à le vendre. Il me l'a laissé pour une bouchée de pain.

– Et où est-il ? demandai-je, sur le ton de quelqu'un qui joue à cache-cache et qui est sur le point de découvrir l'objet dissimulé.

– Je l'ai rangé au grenier, dit Anne-Sophie. Il m'a donné des frissons, même dépoussiéré. Je ne savais pas où le mettre, donc…

– Vous avez bien fait, dis-je. Je peux le voir ?

– Bien sûr mais… Est-ce si important ?

– Ça pourrait l'être, répondis-je en les suivant dans l'étroit escalier de bois qui menait au grenier.

– Ne faites pas attention au désordre. Ce grenier est devenu un véritable capharnaüm, avec les acquisitions de Nicolas ! plaisanta Anne-Sophie.

Nous avons escaladé des caisses, contourné commode, armoire et console avant d'arriver à une vieille malle.

– La malle au trésor ! ironisai-je.

Nicolas l'ouvrit. Elle contenait un objet apparemment assez lourd enveloppé d'un linge qu'il ôta.

Un tabernacle d'ébène serti de nacre.

– Il est beau, n'est-ce pas ? s'écria Nicolas, sans doute ravi de sa trouvaille. Mais effectivement, il est difficile de lui trouver une place en bas !

– Il faut que vous sachiez, Nicolas, que les objets de culte ou rituels n'ont pas leur place dans une maison d'habitation. Ces objets ont été consacrés, ce qui veut dire qu'ils ne sont voués qu'au culte, pas à la décoration. Leur énergie est particulière et peu compatible avec celle de notre environnement.

– On m'a dit que l'on pouvait nettoyer certains objets qui vibrent mal, hasarda Anne-Sophie.

Je protestai assez vivement.

– Un tabernacle n'est pas une bague ou un bracelet. Il a été conçu afin d'abriter le ciboire et les hosties sur l'autel. Il est chargé de cette fonction et ne peut en exercer une autre. Il ne s'agit pas de superstition, mais d'énergie réelle. En fonction de sa « consécration », ce tabernacle vibre sur une certaine fréquence. Ses ondes sont des ondes abstraites, en opposition aux ondes concrètes que l'on peut mesurer, comme celles d'internet, du téléphone ou de la télé, mais elles n'en sont pas moins actives pour autant.

– Vous vouliez le voir pour quoi ? me demanda Nicolas.

– Je me pose des questions sur tout ce qui est entré dans votre maison depuis deux mois.

– L'objet maudit du grenier qui va faire entrer les démons comme dans les films d'horreur ! plaisanta Nicolas.

– Arrête ! s'écria Anne-Sophie. On est bien assez embêtés comme ça. Je t'avais dit de te débarrasser de ce truc…

– Pour l'instant il n'est pas prouvé que c'est le tabernacle qui descend du grenier pour nous donner des baffes, ironisa Nicolas. En revanche si vous me dites qu'il faut s'en débarrasser…

– J'ai besoin de comprendre avant, répondis-je, pour les calmer un peu.

Je m'accroupis pour toucher l'objet et ressentis un froid intense. J'en frissonnai ouvertement.

– Vous ressentez quelque chose ? s'inquiéta Anne-Sophie.

– Oui… Ce n'est pas très positif.

Je regardai de plus près le tabernacle et eus une étrange sensation.

– Vous me permettez de rester seule quelques instants ? demandai-je.

– Naturellement ! répondit Nicolas. Vous retrouverez le chemin ?

– Oui, bien sûr. Merci.

Je restai donc seule face à cet objet d'un autre âge. Je passai ma main délicatement sur ses pourtours et ouvris lentement la petite porte. Je vis d'abord un grand éclair blanc, j'entendis un homme haleter, j'entendis crier « Pitié ! », puis des sanglots. Je retirai ma main, m'assis par terre et respirai profondément pour chasser une angoisse particulière : la peur de mourir. Je fis malgré moi un signe de croix.

Je recouvris le tabernacle de son linge et descendis retrouver mes hôtes.

– Ce que vous êtes pâle ! remarqua Anne-Sophie.

– Je crois avoir trouvé la source de vos soucis.

– Le tabernacle ? s'écria Nicolas, stupéfait. Pas possible ! Mais comment peut-il avoir provoqué tout cela ? C'est insensé !

– Je ne peux pas encore vous dire pourquoi mais je peux vous affirmer que cela vient de là.

– On va s'en débarrasser tout de suite, affirma Anne-Sophie.

– Écoutez, dis-je, je voudrais vous demander l'autorisation de l'emporter provisoirement.

– Quoi ? s'écria-t-elle, ahurie. Vous nous dites que ce truc est maudit et vous voulez l'emporter ?

– Je voudrais comprendre. Et puis ce sera un bon moyen de voir si tout s'arrête en son absence.

– Cela ne me dérange pas, dit Nicolas. C'est pour vous que je suis inquiet si cette chose n'est pas bienveillante.

– Ne vous inquiétez pas pour moi.

Ils m'aidèrent à descendre le tabernacle du grenier et à le charger dans le coffre de ma voiture. Sur le chemin du retour, j'espérais ne pas transporter la boîte de Pandore, mais je voulais savoir ce qu'elle racontait.

Un voisin m'aida à remiser le tabernacle dans une cabane à l'extérieur de ma maison.

– Qu'est-ce que vous allez faire avec ce machin-là ? me demanda-t-il. Il paraît que ça porte malheur d'avoir ça chez soi.

– Vous croyez à ces histoires ? demandai-je, surprise.

– Je n'en sais trop rien mais je l'ai toujours entendu dire, répondit-il avant de prendre congé.

Ma maison a toujours été l'antre de mes découvertes, et c'est ainsi qu'ossements, crânes et autres trouvailles archéologiques ont transité, avec l'aide d'un ami archéologue, par mon salon sans jamais me créer le moindre souci, à part les récriminations de mon fils qui lui ne supportait pas que notre habitation devienne un ossuaire. On peut aisément le comprendre.

Je laissai le tabernacle recouvert de son linge protecteur dans un coin de la cabane de mon jardin en me promettant de venir le consulter.

La nuit suivante fut perturbée par des rêves insensés. Je rêvais que j'étais mêlée à des scènes de violence qui s'apparentaient à celles de la Révolution française. Des foules dans des rues boueuses qui hurlaient et éructaient. Je me réveillai plusieurs fois, incommodée par ces images.

Deux jours plus tard, je retournai voir le fameux tabernacle muré dans son silence religieux et ses secrets que j'avais bien l'intention de découvrir. Il était posé sur un petit meuble, je pris donc une chaise pour m'asseoir et lui faire face. Je caressai lentement ses parois, ses cabochons de nacre…

Bientôt, je ressentis un pincement au plexus solaire et continuai de laisser mes doigts lire ce qui était enregistré dans l'ébène.

C'est ce qu'on appelle faire de la « psychométrie », une découverte de l'Américain Joseph R. Buchanan qui, au XIXe siècle, a travaillé sur la capacité qu'ont certaines personnes de lire la charge des événements vécus par un objet ou un lieu par imprégnation psychique.

J'ai beaucoup aimé le faire avec mon ami archéologue François Leroy qui m'avait soumis des ossements de tous ordres, prélevés dans des nécropoles d'époques différentes, et sur lesquels j'exerçais une lecture qui avait pour but de préciser quand avaient vécu les propriétaires de ces ossements, le lieu de leur sépulture, la cause de leur mort et, en continuant la lecture, la vie de l'homme ou de la femme dont j'avais sous les yeux quelques bribes de squelette, et cela sans le moindre indice. Je parvenais à des résultats satisfaisants qui corroboraient les données que François Leroy avait déjà en sa possession.

Je posais les doigts sur l'os et me venaient à l'esprit des sensations liées à la personne, les douleurs liées à son trépas, puis à son caractère, au lieu où elle habitait et à certains détails sur son existence. Dans *L'Invisible et la science*[1], je raconte d'ailleurs quelques-unes de ces expériences. J'étais très fière de moi mais j'avais tout de même un doute : qu'est-ce qui me prouvait que je ne lisais pas dans les pensées de l'archéologue ? Que ce que je disais n'était pas lié à des informations connues de lui ? Nous savons l'existence incontestable de la télépathie

1. Éditions Michel Lafon, 2014.

dont se servent d'ailleurs beaucoup de médiums qui veulent faire croire qu'ils communiquent avec des défunts, alors qu'ils lisent dans les pensées de la personne qui les consulte.

J'eus la réponse le jour où il me tendit des ossements que je perçus comme étant ceux d'un homme d'une soixantaine d'années, militaire du XVIIe siècle, n'ayant vécu que pour la guerre.

François Leroy me soutint que je faisais erreur car, d'après le fichier de son ordinateur, ce crâne appartenait à une religieuse morte au XIXe siècle. Je fis une pause et repris ma lecture un peu plus tard, pensant que la fatigue commençait à interférer sur les résultats.

Je ressentis à nouveau le caractère du militaire, et François Leroy me dit à nouveau que je faisais erreur. Ce n'est que le lendemain qu'il m'envoya un mail pour m'annoncer que j'avais raison : il s'était trompé d'échantillon et celui que j'avais eu entre les mains était celui d'un capitaine de l'armée suédoise du XVIIe siècle.

Je savais donc que je ne lisais pas dans les pensées, mais que je pouvais lire sur les objets. Le tabernacle frémissait sous mes doigts. Je fermai les yeux pour mieux ressentir et me vinrent des images de violence, sans doute les dernières imprégnations importantes glanées au cours de ses pérégrinations.

Des émeutes. Probablement la Révolution française. Une église. Des hommes armés qui l'investissent en hurlant. Des fracas de pierres. On martèle les sculptures. On mutile les bons saints. Je ressens la confusion, la profanation, la rage et la satisfaction.

On se saisit du tabernacle puis… Plus rien…

Je me redresse sur ma chaise, le contemple une dernière fois puis me lève. Bon d'accord, on peut imaginer qu'il a été volé pendant la période révolutionnaire mais cela n'explique pas ce qui s'est passé dans la famille d'Anne-Sophie et Nicolas.

Je ne comprends pas. Je décide de les appeler pour prendre des nouvelles.

– Tout va bien, me dit Anne-Sophie. Rien à signaler chez nous. Tout semble s'être vraiment calmé. J'ai même fait brûler de la sauge blanche dans toutes les pièces pour nettoyer l'atmosphère, et cela semble avoir fonctionné, même si vous m'avez dit que ça ne suffit pas. Je trouve que l'on se sent mieux. Et vous ? Où en êtes-vous ?

Je lui répondis que j'avançais à pas de fourmi, pour ne pas lui dire que je n'avais pas découvert grand-chose sur les causes de tous ces troubles.

Le soir, lorsque je rentrais du travail, j'allais m'asseoir devant le tabernacle et le touchais longuement pour ressentir toujours les mêmes scènes qui s'arrêtaient net, comme si… Comme si quelque chose ou quelqu'un m'empêchait d'en savoir plus.

Lorsque j'en ouvrais la petite porte, ma poitrine se serrait mais cela s'arrêtait là.

Les jours passaient et je commençais à oublier le tabernacle.

C'est une nuit que je fus réveillée par une sensation de panique. J'entendais clairement « Pitié », « Seigneur, prenez pitié », ponctué de sanglots.

J'allumai la lumière et sentis une détresse terrible m'envahir devant un danger de mort. Je sus immédiatement que ces sentiments ne m'appartenaient pas, pour avoir souvent éprouvé de semblables sensations.

On voulait certainement tuer celui qui me transférait ses peurs, et dont je ne savais pas qui il était. Mon esprit était confus, et j'étais partagée entre une volonté de fuir et celle de me cacher dans un petit coin et de rester là à attendre.

Je me levai, enfilai un pull et courus jusqu'à la cabane du jardin. J'entrai, allumai la lumière.

Le tabernacle n'avait bien sûr pas bougé. Je m'assis face à lui et y posai mes mains.

Je fus alors secouée par des évocations si fortes d'agitation et de branle-bas que cela en devenait presque douloureux.

J'ouvris délicatement la petite porte de l'objet saint, et là, je fus aveuglée par un éclair blanc et en même temps poussée violemment de ma chaise. Je me retrouvai par terre, ahurie.

Je me relevai et passai ma main à l'intérieur du tabernacle mais rien ne se fit sentir.

C'était fini pour ce soir-là.

Quelle âme était liée à cet objet ? Il fallait qu'elle soit bien effrayée pour être capable de provoquer de telles manifestations !

Se sentir poussée, saisie, touchée par une force voire une main – parfois, on peut même distinguer la pression des doigts – est une sensation extrêmement traumatisante. Des gens souffrant de paralysie du sommeil, un état non expliqué par la médecine officielle, connaissent ce genre d'expérience. Durant la nuit, ils sont conscients et réveillés mais incapables de bouger, car presque complètement paralysés, avec une sensation d'oppression, des hallucinations auditives et visuelles, suffocant avec une impression de mort imminente, car hélas, ce sont toujours les mêmes manifestations négatives qui font surface. Or, ces gens, d'habitude, ne souffrent d'aucun trouble clinique, ni psychique. On a décrit ces paralysies dès l'Antiquité, et elles demeurent toujours inexpliquées.

Les victimes de ces paralysies du sommeil, qui chez certains sont récurrentes et chez d'autres ne se produisent qu'une seule fois dans leur vie, témoignent parfois d'agressions physiques voire de viol. Vous imaginez la considération dont peut faire l'objet celui ou celle qui va raconter avoir été violé par… un fantôme ! Alors ils se taisent et dépriment. Certains viennent se confier à moi et je les crois, car je sais que l'autre dimension est invisible mais pas immatérielle. Cela dit, il faut de l'autre côté une force négative assez considérable pour avoir la capacité d'exercer une pression physique sur un humain incarné.

*

Ce soir-là, je repartis me coucher en me posant mille questions sur le tabernacle. Et c'est la nuit suivante que les événements s'accélérèrent.

Je fus réveillée vers 3 heures du matin par une présence terrifiée.

« Seigneur, ayez pitié ! », prononcé par une voix sanglotante, résonnait dans ma tête.

– Qui êtes-vous ? lançai-je.

Je me sentais attirée par ce qui se passait dans l'entrepôt du jardin. Je me couvris et me rendis près du tabernacle.

« Pitié !... » implorait la voix qui s'était nichée dans ma tête. J'allumai la lumière, mais l'atmosphère de la petite pièce avait changé de densité.

Je m'assis devant le tabernacle et en ouvris la porte. Là, je fus éblouie par une vision.

Le décor d'une église. Une petite église avec des peintures multicolores sur ses piliers et sur ses murs. Un prêtre était agenouillé devant l'hôtel. Il portait une soutane noire, et ses cheveux blonds lui tombaient sur les épaules. Il priait. Il se recueillait. Je le voyais de dos, mais il semblait calme.

Et pourtant sa voix me parvenait, affolée.

– Sauvez-moi, Seigneur !

Je savais que l'accès à cette histoire était religieux. Il me fallait trouver le « code » correspondant. Je ne suis pas attachée à une religion particulière mais elles ont toutes un code d'accès. On n'exorcise pas un musulman avec un crucifix, pas plus qu'un juif avec des sourates du Coran. On libère les âmes avec les symboles qu'elles connaissent et dont parfois elles se nourrissent.

Pour accéder à l'histoire de ce prêtre, je devais donc utiliser des prières catholiques. Elles auraient été sans doute plus efficaces en latin, mais pour l'heure, je me contentai d'un Notre Père en français.

Quand on récite ainsi une prière dans un but déterminé, il faut plus s'attacher à la fréquence sur laquelle vibrent les mots qu'à leur signification, même si celle-ci est importante. La vibration des mots accentue leur sens et leur portée. Et c'est la fréquence émise par les mots qui va toucher le sujet avec lequel nous voulons communiquer.

Il sembla que j'avais bien dit la prière car le prêtre, dans ma vision, se retourna vers moi et me fixa quelques instants. Le temps pour moi de constater sa grande jeunesse…

L'image s'évanouit et je me retrouvai assise devant un simple tabernacle. J'avais bien saisi que l'objet avait un lien certain avec le prêtre, mais je ne voyais pas lequel.

Pourquoi ce prêtre utiliserait-il un tabernacle ? Et surtout pourquoi serait-il agressif ? Encore une histoire que je ne pouvais partager avec personne…

À Bourges, la vieille demeure se contentait de ses mémoires, mais n'avait plus été le témoin d'événements désagréables.

Tout était là, dans mon jardin, et il fallait que je fasse vite pour trouver la solution. Je ne pouvais pas garder longtemps cet objet-là.

Je ne sais pas pourquoi mais pendant les jours qui suivirent, je n'eus aucun flash et ne ressentis rien de particulier. Je rendais une visite quotidienne au tabernacle, que je dépoussiérais faute de mieux.

C'est une semaine plus tard que je fus saisie d'une vision alors que j'étais assise dans mon salon, en train de lire une livre qui n'avait pas grand-chose à voir avec cette histoire.

Je fus plaquée contre le dossier de mon fauteuil par une force que je ne pouvais repousser. Je tentai de me dégager mais en vain, tant la pression était importante. Je vis dans un flash le visage terrifié du jeune prêtre que j'avais aperçu dans ma vision.

– Ils vont m'arrêter mais je ne peux quitter la maison de Jésus-Christ et de Dieu le Père tout-puissant, disait-il.

L'image s'évanouit. Je revins à ma réalité.

J'appelai Anne-Sophie qui me rassura encore sur l'atmosphère de la maison. Tout allait définitivement très bien. Je demandai à parler à Nicolas.

– Dites-moi, Nicolas, le brocanteur chez qui vous avez trouvé le tabernacle ne vous a jamais parlé de choses étranges qui lui seraient arrivées ?

– Non… Pas le moins du monde…

Croyez-vous qu'il m'aurait dit qu'il me faisait un rabais à cause d'un fantôme dans le tabernacle ?

Bien sûr, je ne pouvais pas attendre un autre commentaire.

– Où était l'objet lorsque vous l'avez découvert ?

– Dans un coin de l'arrière-boutique, sous une belle couche de poussière.

C'est tout ce que je voulais savoir. Il dormait dans un coin et n'avait pas été manipulé depuis très longtemps.

Le prêtre n'avait pas été dérangé et n'avait aucune raison de s'inquiéter mais lorsque l'objet fut transporté et changé d'endroit, l'esprit du prêtre qui y était attaché s'est vu à nouveau soumis à un danger et s'est défendu comme il le pouvait.

Cela pouvait être une explication, même si ce n'était pas la seule. Maintenant il me fallait découvrir l'histoire…

Trois jours plus tard, j'étais en train de m'affairer dans ma cuisine lorsque je sentis une présence à mes côtés. Je fus prise d'une sensation de malaise, avec l'impression que ma conscience se modifiait peu à peu jusqu'à ce que je me sente ici bien sûr, mais aussi ailleurs. Devant moi se tenait un homme, jeune, une trentaine d'années, les cheveux blonds soigneusement coiffés jusque sur les épaules. Des yeux clairs et un teint très pale.

Il portait une soutane noire et un bréviaire dans la main droite. Il me fixait, immobile, tel le portrait d'une carte postale.

Pourtant je l'entendais parfaitement. Il s'adressait à moi.

– Qui que vous soyez, où que vous soyez, aidez-moi !

– Que puis-je faire pour vous ?

– …

– Où êtes-vous ?

– Dans mon église.

L'image se brouilla puis disparut.

Je me levai pour me diriger rapidement vers la cabane.

Je m'installai face au tabernacle et j'attendis.

La présence du jeune prêtre ne tarda pas à se faire sentir.

J'ouvris la petite porte et fus aveuglée par une lumière blanche. Immédiatement, je vis se dérouler une scène violente dans l'église que j'avais déjà vue. Des hommes armés de faux, maillets, bâtons ou fusils envahissaient la nef en fracassant tout ce qu'ils trouvaient sur leur passage. Ils criaient en se dirigeant vers la sacristie.

J'en vis sortir le jeune prêtre qui fut capturé sans ménagement. Il se débattait et fut frappé à plusieurs reprises. Dans la confusion des empoignades, un coup plus fort fut porté sur son crâne et le jeune ecclésiastique s'écroula, à quelques mètres de l'autel.

Je venais de voir des révolutionnaires exécuter un prêtre dit réfractaire, mais ce qui arriva ensuite était inattendu : je vis son esprit passer dans le tabernacle ! L'homme de Dieu, peu conscient de sa mort et trop enfermé dans sa peur et sa résistance aux révolutionnaires, s'était réfugié dans l'objet qui allait devenir son église.

En effet, il y priait et y faisait la messe devant ses paroissiens recréés par la force de ses pensées. Dès qu'il sentait une menace extérieure, il ne se laissait plus faire mais frappait l'agresseur qu'il n'identifiait pas, mais qu'il ressentait fortement comme adverse.

J'avais compris que même si Anne-Sophie et Nicolas étaient baptisés dans la religion catholique, ils n'étaient pas très fervents et se dispensaient de toute pratique religieuse. Le prêtre n'a donc senti chez eux aucune vibration familière mais au contraire s'est cru de nouveau en danger, et plutôt que de se faire capturer et frapper, il a décidé de frapper en premier.

Certes, il n'est pas venu griffer un petit garçon, en gifler un autre, secouer un canapé ou encore tirer la queue-de-cheval d'une femme ou pousser un homme contre son vélo, il a juste, dans la dimension altérée dans laquelle il existait, visualisé des individus différents, qui ressemblaient à ceux qui lui voulaient du mal.

Seule la vibration, et non plus l'image prévaut dans le paranormal. Il ressentait une menace et attaquait avant de s'enfermer dans son église qui n'était autre que l'intérieur d'un tabernacle.

Son esprit avait choisi un endroit saint et protégé, qui abritait en son temps le ciboire et les hosties.

Je voyais l'intérieur d'un tabernacle, mais pour lui c'était l'intérieur de son église. C'est difficile à comprendre, un peu comme si l'intérieur de votre maison n'était, dans une autre réalité, que l'intérieur d'une boîte d'allumettes. Ce qui explique que des lieux ou des objets peuvent être perçus par une entité comme des espaces vastes ou infinis.

Je n'allais pas pouvoir garder plus longtemps ce tabernacle dans mon jardin, et il allait bien falloir aider ce prêtre à comprendre qu'il était décédé depuis plus de deux cent vingt ans.

Certains événements sont si traumatisants pour ceux qui les vivent que ceux-ci en oublient leur propre mort, et demeurent dans l'instant du drame. Certains restent enfermés dans leurs convictions peu de temps, et d'autres, plusieurs siècles… jusqu'à ce qu'ils trouvent des circonstances et une impulsion extérieure qui leur permettent de sortir de cette réclusion.

Le soir même, je me décidai à aider « mon prêtre » à partir. Encore une fois, il est nécessaire de comprendre toutes les facettes d'une situation pour qu'une décision de faire passer ou non une entité dans l'autre dimension, lorsqu'il n'y a pas de demande d'aide explicite, soit efficace. J'attendis la nuit pour entrer en action. Je l'ai déjà dit : c'est toujours après 22 h 30 qu'il m'est demandé d'agir, par cette voix intérieure qui me guide ; quant à l'heure précise, je n'en ai jamais compris la raison. Je suppose que c'est un moment où l'agitation du monde environnant s'apaise.

J'ai dans ma bibliothèque un livre de prières en latin qui m'a été souvent utile, notamment pour le cas d'un jardin où l'on entendait respirer fortement chaque soir. J'ai raconté cette histoire dans *Les Lumières de l'invisible*[1]. Les propriétaires étaient venus me chercher pour trouver une solution, les leurs n'ayant pas fonctionné.

À la tombée de la nuit les respirations se faisaient entendre sous les fenêtres, et une fois

1. Éditions Michel Lafon, 2013.

que les considérations géobiologiques, animales (les cris de certaines chouettes ressemblent à des respirations) et autres sources possibles eurent été passées au crible sans donner de résultat, il a bien fallu chercher l'explication ailleurs.

Après investigation, j'appris que la propriétaire avait abattu un mur de pierres très ancien dans le jardin quelques jours avant, et cela avait déclenché ces réactions audibles de tous, et causées, je l'avais découvert, par des pauvres bougres qui avaient été suppliciés quelques siècles auparavant (d'après les documents, un gibet se dressait à la place du jardin) et jetés dans le vieux puits, qui se trouvait toujours là.

Pour résoudre le problème, j'avais accepté que ces défunts passent par moi pour exprimer ce qu'ils désiraient.

Cela m'arrive peu, mais lorsqu'il y a nécessité, j'accepte de me prêter à une sorte de transe, tant que je sais qu'elle ne durera pas longtemps et que l'entité n'est pas dangereuse. Je demande à l'assistance de me faire revenir après un temps que nous déterminons ensemble, et c'est cette assistance qui va poser des questions à l'esprit en question pendant que je suis en transe.

Je me suis rendue dans le « jardin des soupirs » avec deux amis. Sur place nous attendaient déjà la propriétaire, ses amis et un historien de la commune qui devait poser les questions à l'esprit à travers moi.

Je n'ai évidemment aucun souvenir de ce qui fut dit. Je ne me souviens jamais de ce genre d'expérience et tant mieux, mais ce que je sais, c'est que ces braves gens d'un temps lointain exigeaient une messe pour partir. Très chrétiens dans un siècle religieux, ils étaient convaincus que sans messe ils ne pourraient jamais s'en aller. Ils étaient donc restés.

C'est l'initiative qu'a pris un ami de déclamer des prières en latin qui leur a permis de s'envoler sous de meilleurs cieux.

Ce qui est cocasse dans cette histoire, c'est qu'ils avaient décliné leurs noms et prénoms, et que mon ami archéologue François Leroy en avait retrouvé la trace dans les archives de son institut quelques mois plus tard.

*

Mais revenons à notre tabernacle. Il était 22 h 45 quand je m'installai dans la cabane pour commencer la lecture de mon livre de prières. J'avais choisi celles qui étaient les plus appropriées à la circonstance, pour faciliter le départ du jeune prêtre.

Je sentis un tumulte dans l'invisible, comme si les dernières résistances étaient en train de lâcher. Pourtant, la ferveur religieuse du prêtre s'opposait encore à ce qu'il pensait, peut-être, être un piège.

Je continuai la lecture avec empathie et détermination jusqu'à ce que le tumulte s'éloigne pour définitivement cesser. Je sentis un grand soulagement, une certaine légèreté et je sus que cette âme s'était éloignée de notre dimension.

C'étaient moins mes mots que ceux de la Bible qu'il fallait à cet homme. Je restai assise là, à me recueillir un moment.

Je regardai le tabernacle qui était redevenu un tabernacle semblable à tous les autres et auquel il allait falloir que je trouve un lieu digne de sa sacralité. En rentrant dans ma chambre, je fus saisie d'une forte sensation de gratitude. Une gratitude qui m'était destinée et dont je savais d'où elle venait. Je l'accueillis avant de la renvoyer vers ceux qui m'avaient guidée tout au long de l'aventure.

Une semaine plus tard, avec l'accord de Nicolas, j'offris le tabernacle à un ami prêtre auquel je me gardai bien de raconter son histoire. L'aurait-il crue, aurait-il eu peur ? J'ai préféré m'abstenir. Désormais, cet objet sacré ne présentait plus aucun danger.

– 5 –

QUAND LES MÉMOIRES S'ÉVEILLENT

Il n'est pas toujours besoin de « revenants » pour assister à des phénomènes extraordinaires dont nous ne trouvons pas, a priori, l'explication. Objets qui se déplacent « tout seuls » ? C'est à voir... Maisons qui « parlent » ou dont l'atmosphère pollue l'existence de leurs habitants sans qu'aucun esprit n'intervienne, bijoux qui portent bonheur ou malheur... Qu'est-ce que cela peut bien vouloir dire ?

Cela signifie parfois que l'esprit humain est capable de faire des choses dignes des plus célèbres magiciens du spectacle, mais sans qu'il y ait le moindre « truc » dans l'affaire.

Cela veut dire aussi, en ce qui concerne les objets et les maisons, que ceux-ci sont « chargés » de leur passé. Maisons et objets portent en eux et diffusent les « mémoires » de ceux qui les ont créés et de ce qu'ils ont vécu.

*

Commençons par un exemple qui paraîtra très suspect aux sceptiques : les objets qui changent de place tout seuls, et dont les suspicieux nous disent en haussant les épaules que nous les avons tout simplement égarés.

« Tu n'as pas vu mes clés ? »

Qui peut affirmer ne pas avoir prononcé cette phrase au moins une fois dans sa vie ? Ces clés que l'on pose, puis que l'on oublie. Celles dont on est sûr de les avoir mises là, et que l'on ne retrouve plus, on ne sait pourquoi.

Cela m'arrive assez souvent, parce que je suis d'une nature plutôt distraite, et aussi parce que je suis souvent confrontée à des situations a priori inexplicables.

Des objets qui disparaissent d'un endroit et que l'on retrouve quelques jours plus tard dans un autre où ils n'ont rien à faire.

Ce fut le cas de la zapette qui sert à ouvrir la porte de mon garage et qui est d'ordinaire placée dans le vide-poche de ma voiture.

Un soir que je rentrais du travail, je fis pour la énième fois le geste de saisir cette petite télécommande mais ne la trouvai pas. Je me dis immédiatement qu'il ne pouvait en être ainsi puisque je l'avais replacée à cet endroit le matin même, je m'en souvenais très bien, et je vidai frénétiquement le vide-poche qui vomit quelques chewing-gums, tickets de péage d'autoroute et stylos dont la mine était asséchée. Je descendis, énervée, pour ouvrir manuellement la porte du garage, en regardant par terre pour essayer d'apercevoir cette zapette qui m'aurait peut-être échappé des mains quelques heures plus tôt, en sortant de la voiture.

Je rentrai à la maison, contrariée, et me mis à chercher l'objet un peu partout, là où il n'avait aucune raison d'être, comme s'il avait pu venir se cacher derrière les pieds de mon bureau ou dans la poubelle.

Heureusement qu'un double existait, mais de la télécommande en question, je n'eus plus aucune trace.

Deux semaines plus tard, alors que l'histoire de la zapette m'était sortie de l'esprit, je restai au bureau à l'heure du déjeuner pour continuer de travailler, me sustentant d'un yaourt et d'une pomme, que j'avais posés près de mon ordinateur.

Pendant que je consultais des fichiers sur internet, je voulus saisir ma pomme mais elle tomba à terre et roula sous le bureau.

Je me penchai, m'accrochant d'une main au bord du meuble pour récupérer mon fruit lorsque, en me redressant, je fus saisie par une vision totalement ahurissante : la zapette perdue depuis deux semaines avait été posée là, près du yaourt, par une main invisible, pendant les quelques secondes durant lesquelles je m'étais penchée.

Je me levai d'un bond et regardai autour de moi, suspicieuse, comme si je m'attendais à voir sortir d'une cachette un collègue ravi du bon tour qu'il venait de me jouer, sauf que j'étais seule, il n'y avait personne et l'apparition de l'objet était inexplicable.

Je ne pus m'empêcher de téléphoner aux quelques amis qui étaient au courant de la disparition de ma zapette, comme si j'attendais d'eux une explication qu'ils ne purent évidemment pas me donner.

L'autre histoire qui reste dans mes souvenirs est celle que j'ai vécue avec mon mari il y a quelques années, alors que nous étions allés passer un week-end sur la côte atlantique. Le temps n'était pas très clément mais assez agréable pour marcher sur la plage, emmitouflés dans de chauds imperméables. Je l'ai déjà dit, je souffre de crises d'asthme et je savais que le vent ne me valait rien de bon. Je serrais donc dans ma poche un spray bronchodilatateur, le sauveur de tous ceux qui sont atteints de cette affection respiratoire.

Je ramassais des coquillages çà et là, accélérais la cadence pour rattraper Jean-Paul qui, lui, marchait plus vite que moi. Soudain je me rendis compte, avec inquiétude, que le spray n'était plus dans ma poche. Je hélai mon mari qui revint sur ses pas, et lui confessai mon désarroi devant cette probabilité de subir une crise sans rien avoir sous la main pour favoriser ma respiration.

Il me demanda de ne pas paniquer et reprit le chemin que nous avions parcouru et qui n'était pas très long. Nous avons cherché sans succès. La plage déserte recélait quelques algues défraîchies, des vieilles bouteilles de jus de fruits, une chaussure naufragée, mais pas de spray.

Les pharmacies étaient fermées, et je priais tout bas qu'on me fasse respirer correctement jusqu'au lundi, afin de pouvoir me rendre en temps voulu dans une officine dès son ouverture.

Nous sommes rentrés à la maison sans que j'aie de problèmes bronchiques.

Le lundi matin, Jean-Paul se préparait pour partir travailler pendant que je cherchais en vain un vieux spray oublié dans un tiroir. Je n'en trouvai aucun et décidai de filer à la pharmacie. J'accompagnais mon mari jusqu'à la porte, et quand je lui dis que j'allais acheter le médicament qui me manquait tant, je notai que le souvenir de cette perte lui était sorti de la tête.

Je remontai dans la salle de bains pour en éteindre les lumières lorsque je fus attirée par un objet posé sur la tablette au-dessus du lavabo.

Je m'en approchai lentement et mes yeux incrédules mirent du temps avant de comprendre ce qu'ils étaient en train de fixer : le spray perdu sur la plage ! Je le saisis, le regardai sous tous les angles, c'était bien lui. La petite marque au feutre rouge que j'y avais posée pour souligner la date de péremption était là.

C'était mon spray. J'en aspirais une bouffée qui pour moi était devenue magique avant d'appeler Jean-Paul à son cabinet.

– Allô ? dit-il d'un ton qui signifiait qu'il était très occupé.

– Tu l'as retrouvé ? lui demandai-je, persuadée qu'il en était ainsi.

– Quoi donc ?

– Mon spray pour les bronches…

– Non, pourquoi ?

– Il était sur la tablette de la salle de bains.

– Ah bon ? Tu l'y auras posé machinalement.

– Mais tu sais bien que je l'ai perdu lors de notre week-end. Rappelle-toi. On l'a cherché partout !

– Écoute... Je ne sais pas. On en reparle ce soir ?

Nous n'en avons jamais reparlé. Inutile, il n'y avait rien à dire, rien à expliquer. Il était revenu. C'est tout.

*

Les explications que l'on donne à ce genre de phénomène sont nombreuses. On parle souvent d'un défunt qui aurait fait une blague. Moi je pense que les défunts ont d'autres préoccupations que celle de faire des blagues de ce type aux vivants, surtout en cachant leurs médicaments ou leurs clés.

Il n'est pas dit qu'un esprit ne puisse pas se signaler en ayant un impact sur notre matière, mais les supputations qui me parurent plus intéressantes sont celles que j'entendis de la bouche de Paola Giovetti, journaliste scientifique et écrivaine italienne qui a beaucoup œuvré dans l'investigation parapsychologique et qui, un jour, vint donner une conférence en Normandie, à laquelle j'assistai. Elle y a parlé d'expérimentations qui ont été faites par des médiums capables de dématérialiser et de rematérialiser des objets, en dehors des techniques de la prestidigitation bien sûr, qui n'ont rien de paranormal.

Il s'agit ici du fantasme que bien des écrivains de science-fiction nomment téléportation, or on sait que la science-fiction a souvent juste quelques années d'avance sur les découvertes à venir.

Le docteur Eric W. Davis, astrophysicien américain, mène des recherches dans ce domaine et les Russes y poursuivent leurs investigations. Il semblerait d'ailleurs qu'ils aient déjà réussi à téléporter de manière scientifique quelques molécules à de courtes distances.

La téléportation est définie comme « le transfert d'un corps dans l'espace sans parcours physique des points intermédiaires entre départ et arrivée ».

Paola Giovetti expliquait avoir assisté à ce type de travaux en laboratoire et décrivait la disparition de l'objet avec formation d'un halo bleuté l'entourant, et sa rematérialisation dans un autre endroit, pas forcément de façon simultanée. On pouvait alors constater que l'objet en question était très chaud et il semblait que son parcours immatériel en ait modifié la structure moléculaire.

Si de sérieux médiums ont la possibilité de faire ce genre de chose, il est assez probable que tout être humain en est capable, comme de bien d'autres prodiges, sans savoir forcément les maîtriser. Cela m'amène à penser que ces objets qui disparaissent en moins de temps qu'il ne faut pour le dire et réapparaissent en des lieux et à des moments insoupçonnables, lorsqu'ils ne sont pas déplacés à cause de notre distraction, sont téléguidés par notre esprit.

La société britannique pour la recherche psychique (Society for Psychical Research) a soumis à l'étude ces disparitions quotidiennes et inexplicables qu'elle appelle des « jotts » ou des « jottles ». Il est dit que les « jotts » désignent les objets qui se déplacent et les « oddjotts », les réapparitions étranges.

Une classification minutieuse de ce type de manifestation a été faite, et on est même arrivé à la conclusion que non seulement on peut découvrir l'objet qui a disparu en des lieux où il n'a rien à faire, mais que certaines fois, on constate que cet objet ne réapparaît pas, puis on trouve un objet identique à celui qui s'est « envolé », dont on sait pourtant que ce n'est pas l'original.

Quoi qu'il en soit, ces disparitions, qui font partie de notre quotidien et qui nous font soit sourire, soit grincer des dents, intéressent de nombreux chercheurs.

Par ailleurs, il est évident que certaines demeures sont plus favorables à ces disparitions mystérieuses, et l'on ne sait pourquoi.

*

Il semblerait que la configuration de certaines maisons, alliée à d'autres facteurs comme celui de l'hygrométrie, ou du sous-sol, représente un terrain de prédilection pour diverses hantises qui n'ont rien à voir avec les fantômes tels que nous les avons définis.

Je me souviens de Pierre, qui était venu me demander de l'aide car, disait-il, les quatre générations qui avaient habité sa ferme n'avaient eu que des problèmes. Une mauvaise harmonie régnait en ces lieux qui « déteignaient », selon sa propre expression, sur le caractère des occupants.

Des dépressions affectaient tous les membres de la famille, jeunes et moins jeunes, ainsi que des insomnies à répétition et des douleurs inexplicables.

Cette maison avait été construite sur un champ de bataille.

Même si elle n'existait pas au moment de cette bataille, la demeure avait enregistré la violence et la souffrance du lieu. Il est évident qu'elle s'en souvenait et la rejouait sans cesse, et même si ses habitants n'étaient pas sensibles aux phénomènes paranormaux, ils ne pouvaient pas échapper à l'influence de cette mémoire.

Une maison raconte les événements qu'elle a vécus.

Ils seront plus ou moins audibles en fonction de l'architecture qui, avec ses angles et ses volumes, crée des caisses de résonance.

On peut entendre clairement, parfois, des bruits d'ambiance appartenant à d'autres époques, tel le volet qui claque là où il n'y a plus de volet, ou bien le bébé qui pleure dans une chambre où il n'y a pas d'enfant. Cela ne veut pas dire que des esprits se manifestent, mais que des mémoires se mettent en marche en fonction de certaines conditions qui nous échappent encore. Ces ondes dites rémanentes n'ont absolument rien à voir avec des visites d'esprits, et un bon médium doit pouvoir faire la différence.

Il en va de même pour les maisons que j'appelle « traumatisées ». En entrant dans le lieu, on ressent presque immédiatement non seulement une atmosphère lourde, mais une information qui nous indique qu'un drame s'est déroulé en cet endroit. On peut y ressentir les ondes d'un assassinat ou d'un suicide, non parce qu'un esprit est forcément bloqué dans cet espace, mais parce qu'un acte traumatique laisse une marque. Comme si la trace de ce drame flottait à l'endroit où cela s'est passé. Une espèce de magma vibratoire, où toutes sortes d'informations émettent en permanence. Il faut beaucoup de force et de positivité pour en venir à bout, car les petits nettoyages effectués par des brûlages d'herbes et des prières ne pèsent pas lourd devant la force de l'enregistrement.

Lorsqu'on achète une maison, il est essentiel d'en connaître l'histoire, surtout si celle-ci est dramatique.

L'importance du lieu est capitale. Les friches industrielles, les établissements de soins tels que les hôpitaux et certains lieux dits « sacrés » ne sont guère recommandés pour en faire des lieux de vie. Les friches industrielles et les hôpitaux, à cause des mémoires peu harmonieuses ; quant aux lieux sacrés, ils n'ont jamais été conçus pour être des habitations, ils doivent rester voués au culte pour lequel ils ont été conçus.

Ces lieux consacrés ont été construits avec une intention particulière. Les ondes abstraites émises par la pensée, la prière ou au cours de rituels religieux ont une véritable influence, qui peut se révéler terrible en cas de sacrilège. Pour s'en convaincre, il suffit de se reporter aux pyramides et leurs accès « interdits » qui ont projeté de grandes malédictions sur ceux qui ont osé transgresser cette interdiction. En 1922, lorsque Lord Carnarvon et Howard Carter découvrent le tombeau de Toutankhamon, ils ne peuvent ignorer l'inscription qui se trouve à l'entrée : « La mort touchera de ses ailes celui qui touchera le pharaon. » Durant les dix ans que durèrent les travaux d'ouverture des chambres du tombeau, dix-huit personnes qui avaient initié ce grand travail moururent tragiquement.

Il en est de même pour les sanctuaires que sont églises ou chapelles désaffectées dont certaines sont à vendre mais qui ne peuvent être des lieux de vie harmonieux et se transforment en « maisons à cancer ».

Ces endroits « frappés d'interdiction » ont en quelque sorte décidé de refuser toute autre fonction que celle qui leur a été attribuée lors de leur construction.

*

Ce qui est vrai pour les lieux l'est tout autant pour certains objets de culte qui ne peuvent servir à décorer un appartement. Je déconseillerais d'acheter des objets provenant d'églises, de chapelles, de mosquées, synagogues ou de tout autre endroit religieux quel qu'il soit pour les placer dans une maison.

Tout article est chargé de son histoire et de l'intention de celui qui l'a fabriqué. Cela ne concerne pas forcément ce qu'il est censé représenter, mais beaucoup plus les ondes abstraites émises inconsciemment ou volontairement par celui qui l'a fabriqué, ou encore les informations incluses dans la matière dont il est fait. Lorsqu'un meuble ou un objet a une charge négative, il est bon de déterminer quelle en est la cause pour neutraliser sa charge, par un procédé bien connu de ceux qui étudient la radiesthésie, mais ce n'est pas toujours réalisable. Un meuble dont le bois provient d'un arbre qui a crû sur des terrains à émissions d'ondes négatives, quelle qu'en soit la cause, portera des informations négatives et les diffusera où qu'il soit.

Certains mobiliers, bijoux ou vêtements ont aussi des charges difficiles à porter, même s'ils ont appartenu à des personnes qui nous sont chères, et je ne parle pas de ceux qui sont frappés volontairement de malédiction, soit parce qu'il y a une intention de nuire, soit parce qu'ils ont traversé des épisodes tragiques, ou étaient remisés en des lieux négatifs.

L'inverse est vrai avec des objets dont on sent qu'ils nous portent bonheur, encore faut-il qu'ils soient compatibles avec notre propre énergie. Ce qui me portera bonheur ne portera pas forcément bonheur à mon voisin. Nous sommes tous uniques et réagissons différemment aux sources énergétiques.

Il en est de même pour les individus incarnés que nous hébergeons.

Ils peuvent être a priori positifs, et émettre des ondes abstraites négatives pour nous et notre environnement, car au-delà des symboles positifs dont nous pouvons décorer notre demeure, les pensées, même celles que nous refoulons, émettent et remplissent l'atmosphère de nos intentions inconscientes.

Il m'est arrivé d'accueillir pour un mois de vacances un ami bouddhiste, très à cheval sur ses pratiques, mais qui avait infesté la maison de ses pensées refoulées qui n'étaient pas aussi zen. Il a fallu plusieurs semaines de nettoyage pour libérer les murs de son influence néfaste.

Tout le monde se sentait mal dans la maison depuis son arrivée, alors qu'il était affable et sociable, et chacun a senti un dépérissement psychique individuel alors qu'il était de bonne compagnie.

Ce que nous sommes profondément imprime ce qui nous entoure, et, même si nous cachons notre vraie nature, les traces que nous laissons, elles, ne trompent pas.

Lorsque je visite la très agréable demeure de George Sand, que je connais depuis mon enfance étant originaire de La Châtre-en-Berry, petite ville située à quatre kilomètres du domaine de l'écrivaine, je ressens l'activité intense qui s'y est déroulée, les visites de personnages prestigieux qui y ont séjourné, mais malgré toute cette énergie, je ressens les pleurs et les tristesses qui m'apparaissent immédiatement dès que j'effleure les murs.

Rien de ce que nous faisons et sentons ne s'efface. Nous sommes tous des fantômes en puissance et, tels des fantômes, nous imprimons notre existence.

Les maisons ne nous mentent pas sur ce qu'elles ont vécu et nous ne pouvons leur mentir.

– 6 –

UN ÉTRANGE VISITEUR

J'ai déjà évoqué au cours des chapitres précédents la prudence dont il faut faire preuve pour tenter d'expliquer les phénomènes étranges dont on est parfois le témoin. Et si j'ai pu en conclure que les âmes en souffrance venaient hanter certaines demeures parce qu'elles étaient bloquées à l'instant de leur mort, se croyaient encore en vie et propriétaires des lieux, c'est qu'elles-mêmes, par leurs propos, m'ont amenée à cette déduction.

Mais que penser de ce visiteur apparemment « incarné » qui est venu troubler un week-end de détente où une amie m'avait entraînée dans le Limousin ?

*

Je connais Sylvie depuis l'enfance, elle sait donc mon goût pour la campagne. D'ailleurs lorsque je quitte la mienne, c'est souvent pour en visiter une autre. J'aime les gens qui vivent au milieu de la nature, je le dois certainement à mon arrière-grand-père François Vouillon, charbonnier, qui habitait une loge de branchages au cœur de la forêt de Chambord.

Sylvie avait découvert sur internet une maison qui faisait chambres et table d'hôtes, et tout en m'y conduisant en voiture, elle m'énonça les spécialités culinaires dont la propriétaire lui avait parlé au téléphone.

– Tu vas voir, elle a l'air sympa ! C'est un genre de pension de famille. Mais sans obligations familiales, tu vois ce que je veux dire ! En fait, c'est un couple qui tient cette maison. Ça te va ?

Tout m'allait. J'étais trop exténuée pour émettre la moindre réserve, à part le refus catégorique de toute forme de shopping ou sortie dans des lieux bruyants.

Pendant le trajet, Sylvie me fit quelques confidences. Veuve comme moi depuis une dizaine d'années, elle s'oubliait dans le travail et fuyait une déprime qui tentait parfois de la rattraper. Heureusement, toutes les deux, nous trouvions le moyen de rire comme les ados que nous étions autrefois, pour des motifs futiles.

– Ça fait tellement de bien ! me dit mon

amie. Je sens que nous allons passer de jolis moments ensemble. Je m'en réjouis !

Moi aussi, je me réjouissais de ne plus être rattrapée par l'ordinateur et surtout le téléphone et ses alertes à tout-va, d'ailleurs je m'étais promis qu'il resterait éteint dans mon sac et que je le consulterais seulement deux fois dans la journée.

– Tu tiendras le coup ? me demanda Sylvie, légèrement ironique.

– On verra bien, répondis-je, à moitié convaincue.

Je reçois beaucoup de mails, de lettres et de SMS désespérés chaque jour. Les appels à l'aide sont si nombreux que je ne peux pas répondre à tous. Je m'en suis ouverte un jour au père Jean Martin, un sympathique prêtre de Charleroi, en Belgique, lui aussi passionné par les questions de l'au-delà, qui a établi un système de communication avec l'esprit des animaux disparus, à l'aide d'enregistreurs.

Ce personnage cocasse et d'une grande gentillesse m'avait simplement dit : « Vu la quantité de courrier que vous recevez, vous ne pouvez pas tout faire. Ne culpabilisez pas, vous n'êtes pas un orchestre symphonique, contentez-vous de jouer de votre petit instrument. Faites ce que vous pouvez et faites-le avec le cœur. »

J'allais donc mettre les S.O.S. en veilleuse pendant ce week-end, pour reposer un peu mon esprit.

Nous étions parties le samedi matin très tôt, et nous arrivâmes dans la propriété vers 10 heures. Au bout de l'allée apparut une grande maison aux pierres apparentes encadrée de deux tourelles, apparemment appelée « Le Manoir », immergée dans une nature assez sauvage, et loin de tout voisinage.

Nous descendîmes nos sacs de la voiture sans lâcher la façade du regard. Elle impressionnait par sa robustesse.

– Y a quelqu'un ? cria Sylvie d'un ton enjoué en passant le seuil de la porte.

Nous entendîmes un pas vif et pressé descendre l'escalier de bois.

– Me voilà ! Bonjour mesdames. Vos deux chambres sont prêtes.

– Bonjour ! Eh bien dites donc ! Nous qui sommes venues pour faire des balades… Ce n'est pas un temps adéquat ! dit Sylvie. Mais avec un K-way et des bonnes chaussures, ça ira pour nous.

– Nous sommes en automne… remarqua Laurence. Mais les paysages alentour vont feront oublier la météo, dit la propriétaire avant de se présenter : je m'appelle Laurence.

La cinquantaine timide, solide blonde au teint rose, elle affichait un sourire franc. Nous avons décliné nos prénoms à notre tour, avant qu'elle précise :

– Mon mari ne va pas tarder, il est parti à la ferme à côté faire quelques courses.

– C'est une belle maison, dis-je en fixant le haut de l'escalier, comme si je m'attendais à en voir descendre quelqu'un d'autre.

– C'est une très vieille maison, précisa Laurence. XVe siècle c'est sûr, mais probablement plus ancienne.

– Il n'y a pas de fantômes ? lança Sylvie sur le ton de la plaisanterie, ce qui laissa Laurence interdite un court instant.

– Qui sait, avec ces vieilles pierres ! se reprit-elle en souriant. Il y a une chambre avec une vue imprenable, et l'autre est dans la tourelle. À vous de choisir entre vous.

– Chouette, une tour ! s'exclama Sylvie. Idéale pour attendre le retour du preux chevalier ! Mais ce ne sera pas pour moi.

– Je la prends, décidai-je.

La tourelle était charmante.

– Je sais par expérience que s'il y a des esprits errants c'est par ici qu'ils passeront, dis-je à Sylvie quelques instants plus tard, quand nous eûmes déposé nos sacs dans nos chambres respectives.

– Oh ! Tu me casses les pieds avec tes fantômes ! Tu avais dit que tu venais ici pour oublier le travail ! s'écria mon amie en éclatant de rire.

– Les fantômes ne font pas partie de mon travail, mais de mon quotidien, même s'ils me fatiguent tout autant, répondis-je avec un clin d'œil. On va boire un café ?

Nous descendîmes l'escalier massif, qui semblait avoir été taillé dans un tronc d'arbre. Laurence nous attendait dans le couloir et nous fit visiter la maison.

– Voici la salle à manger, où nous prendrons nos repas ensemble, dit-elle, adossée au battant de la porte en nous désignant la pièce de la main.

– Qui sont ces portraits sur les murs ? Vos ancêtres ? demanda Sylvie.

– Non… Nous les avons trouvés dans le grenier de la maison lorsque nous l'avons achetée il y a dix ans. Ils étaient là depuis longtemps, apparemment. On continue la visite ?

Toute la maison avait été restaurée avec goût et simplicité, et l'on avait manifestement respecté son style et son histoire.

– Elle a été habitée par des aristocrates, puis des grands bourgeois, précisa Laurence. La propriétaire à laquelle nous l'avons achetée, qui est décédée depuis, n'avait plus les moyens de l'entretenir. C'était dans un de ces états !

La pièce qui me surprit le plus fut la bibliothèque, magnifique, avec ses lambris de chêne et ses vieux livres reliés de cuir.

– J'adore ! m'écriai-je.

– Ah non ! protesta Sylvie, tu ne vas pas commencer à t'enfermer pour bouquiner. On a prévu de marcher !

– On peut faire les deux…

– Bien… Je vous laisse vous mettre d'accord, coupa Laurence. Je vais préparer votre café.

Je regardai les ouvrages, et voyageai entre Rousseau, des traités de botanique, des romans d'un certain Hector France, de la fin du XIXe siècle, avec des titres évocateurs comme *Le Péché de sœur Cunégonde* ou *Les Va-nu-pieds de Londres*, ou encore *Marie Queue-de-Vache*.

– Je vais me régaler ! annonçai-je à Sylvie, l'œil fixé sur l'entrée où apparaissait une personne inconnue.

– Bonjour mesdames, prononça une voix légèrement chevrotante.

Laurence suivait la visiteuse, tenant un plateau ou étaient posées trois tasses de café.

– Je vous présente mademoiselle Esterin. Elle est arrivée hier soir et restera jusqu'à mardi.

Petite dame âgée dont la tête semblait avoir été vissée sur le corps tellement son cou était raide, mademoiselle Esterin était une ancienne prof' d'histoire, qui continuait à se passionner pour cette discipline. Elle préparait un essai sur *L'Occupation wisigothe au Ve siècle en Limousin*, et venait souvent écrire chez Laurence et son mari Michel, pour rompre sa solitude.

Nous prîmes le café ensemble, et je dois avouer que la présence de la vieille dame était très agréable. Volubile et érudite, mais non dépourvue d'humour, elle m'intéressait beaucoup.

Sylvie me lançait des regards impatients, mais je restais accrochée à la précision du langage de Miss Esterin, subjuguée par la reine Pédauque, les rois Alaric, Athanaric ou Athaulf, noms improbables pour des souverains oubliés.

– Bon… Eh bien nous n'allons pas vous déranger plus longtemps, dit Sylvie en se levant.

– Vous ne me dérangez pas, vous savez ! affirma la vieille dame qui reposa sa tasse en tremblotant.

– À plus tard…

– J'ai cru que nous n'allions plus pouvoir sortir de l'Empire wisigoth ! plaisanta Sylvie en quittant la demeure.

Nous avons marché autour du domaine, savourant la beauté absolue de cette nature automnale, et des paysages pour lesquels Corot ou Monet se seraient damnés. Aucune clameur, aucun bruit ne venait perturber la quiétude environnante.

Vers midi nous sommes remontées au Manoir, où une odeur de choux nous accueillit.

Laurence vint à notre rencontre, arborant un tablier où il était écrit : « Ne pas contrarier le chef ».

– Avec le temps qu'il fait, j'ai pensé qu'une bonne potée limousine serait la bienvenue…

– Belle idée, je meurs de faim ! lança Sylvie. Je suis là dans cinq minutes.

Elle monta quatre à quatre l'escalier, et moi je rejoignis mademoiselle Esterin, déjà attablée dans la salle à manger.

– Vous venez souvent ici ? lui demandai-je en m'asseyant près d'elle.

– Voyez-vous, m'expliqua-t-elle, un peu gênée, je vis seule et je n'ai pas de famille. Laurence et Michel sont devenus en quelque sorte mes neveux. Je viens régulièrement leur rendre visite. Ils sont formidables, et ont deux beaux enfants, qui étudient à l'université. Adeline est à Montréal depuis un an, et Guillaume va bientôt être avocat à Toulouse. Ils sont brillants.

Sylvie vint s'asseoir en se frottant les mains à l'idée de déguster la potée annoncée, et Laurence nous rejoignit, suivie de son mari, qui portait une énorme cocotte de fonte d'où sortait un incomparable fumet. Il la posa au centre de la table, et s'essuya une main qu'il nous tendit énergiquement.

– Enchanté ! Je suis Michel ! Bienvenue !

Plutôt bel homme, assez distingué, il semblait avoir un caractère fort et déterminé. Nous lui fîmes maints compliments sur la propriété, et lui nous invita à ne pas attendre que nos assiettes refroidissent.

Mademoiselle Esterin passait des Wisigoths à la manière d'entretenir les plantes d'appartement jusqu'à sa façon de faire la soupe d'ortie avec beaucoup d'aisance. J'écoutais, je dégustais, je me sentais bien. Sylvie était en grande conversation avec Laurence sur le devenir de leur progéniture et moi, je me reposais.

– Ah ! Au fait ! dit Michel. Si vous sortez ce soir, n'oubliez pas de noter le code pour pouvoir rentrer. Nous dormons de l'autre côté et il n'est pas certain que nous entendions la sonnette.

– Nous avons l'intention de marcher, mais je ne crois pas que nous sortirons ce soir, répondis-je.

– Peut-être demain soir, hasarda Sylvie. Limoges est à trente kilomètres…

Je m'abstins de répondre.

Laurence nous a conseillé des chemins de randonnée, et nous les avons pratiqués dès l'après-midi. Nous n'avons regagné le Manoir qu'à la tombée de la nuit, bien précoce en ces jours d'automne.

Le feu crépitait dans la cheminée du salon, et mademoiselle Esterin occupait déjà l'un des fauteuils tournés vers l'âtre.

– Ah, mesdames, vous voilà ! s'exclama-t-elle. Laurence m'a préparé un bon thé. En prendrez-vous aussi ?

– Avec joie, dit Sylvie dont les joues et le nez avaient rosi.

– Si ce n'est pas indiscret, mademoiselle Esterin, que faites-vous lorsque vous venez ici ? lui demandai-je. Vous écrivez, je suppose, mais vous marchez aussi ?

– Hélas, mes pauvres jambes ne me permettent plus les promenades. Juste assez pour aller prendre le train à Brives, d'où je suis, jusqu'à Limoges. C'est Michel, quand je ne trouve pas de taxi, qui vient me chercher à la gare. Sinon, je suis devenue sédentaire par la force des choses. J'écris, je lis et puis…

Elle marqua un silence de plusieurs secondes.

– Et puis ?

– Et puis, j'aime échanger quelques mots avec Joseph lorsqu'il passe par la bibliothèque.

– Joseph ? s'enquit Sylvie. Quelqu'un de la famille de Laurence et Michel ?

– Non pas vraiment. Il n'est pas souvent là, mais d'une compagnie délicieuse.

– C'est quelqu'un d'ici ? demandai-je.

– Oui… Si l'on veut…

L'arrivée de Michel mit un terme à ses confidences.

– Ce soir, mesdames, ce sera une bourriquette !

– Une bourriquette ?

– C'est une spécialité limousine, expliqua mademoiselle Esterin. Un œuf poché sur une soupe à l'oseille. Délicieux.

Après le repas, Sylvie partit profiter du téléviseur de sa chambre pour regarder de nouveaux épisodes de la série américaine qu'elle suivait. Je préférai me rendre dans la bibliothèque pour y prendre mon café avec mademoiselle Esterin qui, elle, avait commandé une camomille.

– Ici, on a vraiment l'impression que le temps s'est arrêté, remarquai-je.

– Ce n'est pas qu'une impression, vous savez. Cet espace est vraiment magique.

– Ah bon ? Pourquoi ?

Elle se retourna vers la porte pour s'assurer que Laurence et Michel ne pouvaient pas l'entendre.

– À cause de Joseph. Ils ne veulent pas que j'en parle. Mais je suis sûre qu'il n'y a pas que moi qui le vois !

– Pardon ? demandai-je, les lèvres immobilisées sur le rebord de la tasse.

– Joseph m'est apparu pour la première fois il y a dix ans. Et il est revenu, toujours pendant cette saison, en automne. Au début, j'étais persuadée que c'était un être un peu fantasque de la famille de Laurence et Michel. Un fils ou un frère vaguement gênant, mais il n'en est rien. J'ai vite compris qu'ils ne le voyaient pas. Aussi, quand deux autres personnes venues passer quelques jours ici ont affirmé avoir discuté avec lui, il faut bien dire qu'ils furent embarrassés.

– Vous parlez… d'un fantôme ?

– Je pense que oui, murmura-t-elle, en me faisant un signe discret de la main pour m'inviter à baisser le ton.

Sylvie était dans sa chambre, et j'imaginais sa tête si elle avait entendu cette conversation, sans compter sa fameuse moue exaspérée que je n'allais pas tarder à voir quelques heures plus tard.

– Mais… insistai-je, vous le voyez en chair et en os ?

– Oh oui ! Je sens même le parfum de son eau de Cologne, aux extraits de jasmin.

Je ne pus m'empêcher de sourire.

– Un fantôme qui se parfume… Ce n'est pas banal !

– Vous savez, c'est à cela que je sens qu'il va arriver. Ce parfum de jasmin.

Je sais que les manifestations olfactives font partie des signes laissés par les présences de l'au-delà. On sent souvent des odeurs de rose ou de tabac, qui sont les plus communes, et cela ne signifie pas, contrairement à ce que l'on croit, que le défunt fumait ou s'aspergeait d'eau de rose ou d'autres fleurs. La perception olfactive fonctionne en captant différents signaux électriques extérieurs et les reconnaît en les comparant aux signaux électriques mémorisés. Ces ondes électriques perçues remontent jusqu'aux différentes zones du cerveau par le nerf olfactif. Ces odeurs sont assimilées à celles que nous connaissons déjà, et celles qui se manifestent de façon paranormale sont proches de celles du tabac ou d'autres parfums que nous connaissons, mais rien ne dit que l'entité veut exprimer sa présence avec ce parfum-là. Si le tabac et la rose sont les plus communs, c'est sans doute parce qu'ils sont les plus faciles à traduire pour nous. On ne sent pas forcément la pipe de grand-papa, pas plus que le parfum de grand-maman, mais beaucoup plus une traduction en parfum de leur présence. Il en est de même pour les odeurs pestilentielles qui traduisent des présences négatives.

L'eau de Cologne au jasmin de Joseph signifiait sans doute que notre homme, si fantôme il était, n'était pas bloqué dans une dimension négative, le jasmin étant un parfum agréable.

Mademoiselle Esterin poursuivit son récit.

– La première fois, j'étais dans cette même bibliothèque, près de cette fenêtre là-bas. Je lisais. Lorsque j'ai levé la tête, il était assis là, dans le fauteuil où vous êtes. Vêtu à l'ancienne d'une espèce de longue veste grise, une sorte de redingote… Oui, c'est ça. Un pantalon gris, une chemise au col empesé, avec une cravate de type lavallière, vous voyez ? À la mode du XIXe siècle. Il porte des bottes également. Oui, de jolies bottes de cuir noir, de celles que l'on chausse pour monter à cheval. Plutôt impeccable mais très démodé ! Je ne lui ai pas adressé la parole en premier, car je ne l'avais jamais aperçu dans la maison et me demandais qui cela pouvait être.

– Que vous a-t-il dit ? m'enquérai-je.

– Très bien élevé, il s'est excusé de m'avoir effrayée, et s'est présenté : Joseph de Malemont.

– Vous êtes sûre qu'il vous a donné son nom ?

– Absolument, d'autant plus que l'historienne que je suis avait entendu parler de cette vieille famille de la région. Puis il m'a demandé comment je me portais, et m'a dit que « les frimas ne donnaient rien de bon pour les poumons ». Je me souviens d'avoir été surprise par cette réflexion.

Laurence fit irruption dans la bibliothèque.

– Nous montons nous coucher. Je vous salue, mesdames. À demain !

Mademoiselle Esterin décida soudainement de monter elle aussi, un peu rembrunie par cette interruption.

– J'espère que vous n'allez pas me prendre pour une vieille folle, me dit-elle en prenant congé. Oubliez tout ce que je vous ai dit, et surtout n'en touchez pas un mot à Laurence et Michel. Ils en seraient fâchés.

– N'ayez crainte, lui assurai-je en lui souhaitant une bonne nuit.

Je restai seule quelques minutes, repensant à ce que m'avait dit la vieille dame. J'étais perplexe. S'agissait-il d'une médium que personne ne voulait reconnaître comme telle ? Ou cette ex-prof' d'histoire se faisait-elle du cinéma ?

En tout cas, elle m'intriguait.

Je montai et frappai à la porte de Sylvie. Elle m'ouvrit à moitié endormie alors que, sur l'écran de la télé, des experts de la police scientifique new-yorkaise disséquaient un cadavre.

– C'est toujours pareil, grogna-t-elle. Je veux regarder ces trucs à la gomme et m'endors devant en moins de dix minutes.

Je lui racontai ma conversation avec Miss Esterin, et la fameuse moue d'exaspération s'exprima aussitôt.

– Mais enfin c'est pas vrai ! Ne me dis pas que je viens de t'amener dans une maison à fantômes ? C'est pas de bol tout de même !

J'éclatai de rire.

– Tu la crois, toi ? me demanda mon amie. Elle me paraît gentille mais très âgée. Tu ne penses pas que, chez elle, la sénilité pourrait se substituer à la médiumnité ? Un fantôme qui sent l'eau de Cologne et qui parle des risques de bronchite avec le froid, c'est un peu grotesque, non ?

– J'y ai pensé, mais je la crois. Sans doute suis-je la seule.

– C'est sûr, confirma Sylvie, vaguement agacée. Écoute, je suis crevée. On en reparle demain ?

Je pris donc congé, et regagnai, pensive, ma tourelle.

Je me suis couchée et j'ai contemplé le plafond circulaire dont les moulures formaient un décagone. Je me suis dit que le décagone, qui est utilisé en radiesthésie comme onde de forme puissante pour charger en énergie, alimentait la pièce d'une force supplémentaire. Il n'est pas anodin que bien des contes de fées se déroulent dans des tours de château. Tout y est exalté.

Je fermai les yeux et dormis profondément.

⁂

Le lendemain, je me levai de bonne heure, bien décidée à profiter de la douceur de ce jour d'automne. Les couleurs des arbres que je voyais par la fenêtre de ma chambre formaient une merveilleuse palette de jaunes et de rouges.

Je descendis et retrouvai Sylvie à la table du petit déjeuner, son guide des chemins de randonnée en main, prête à marcher avec ardeur.

– As-tu eu la visite de Joseph ? demanda-t-elle d'un air narquois. Parce que moi, je n'ai vu personne !

– Chut… murmurai-je en voyant Laurence arriver avec un plateau de petits pains chauds, yaourts, confitures et fruits qu'elle déposa sur la table.

– Bonjour ! me dit-elle. Bien dormi ?

– Merveilleusement, répondis-je. Mademoiselle Esterin n'est pas levée ?

– Oh si ! Depuis longtemps ! Elle a pris son café à 6 heures ce matin. Elle dort peu et nous lui permettons l'accès à la cuisine. Elle fait presque partie de la famille. C'est une personne remarquable et si gentille...

– Dites, Laurence, cette maison est vraiment très ancienne, lançai-je. Vous êtes sûre qu'il n'y a pas de fantômes ?

– C'est reparti ! marmonna Sylvie tandis que Laurence répondait rapidement :

– Bien sûr que non ! D'abord je n'y crois pas, ensuite je n'ai jamais rien vu ni ressenti d'étrange dans cette demeure.

– Et toc ! marmonna de nouveau Sylvie, avant de mordre dans une tartine.

– Personne ne vous a dit avoir vu quelque chose de particulier ?

– Non... Enfin... Il y a toujours des gens un peu bizarres qui prennent leur ombre pour un fantôme, mais nous n'en tenons pas compte. Il suffit d'un cadre comme celui-ci pour imaginer des choses... Bon, je vous quitte car je dois filer à Limoges. À tout à l'heure !

La marche me fit beaucoup de bien, mais en réalité, Joseph de Malemont peuplait mes pensées. Sylvie le sentait et essayait de m'attirer vers d'autres distractions.

– J'ai pensé que, comme nous avons du temps devant nous, nous pourrions visiter la région, et aller jusqu'à Brives.

– Nous verrons… murmurai-je sans le moindre enthousiasme.

– Toi, tu n'as pas envie de bouger. Miss Wisigothe t'a fait replonger !

– Désolée mais Miss Wisigothe, comme tu dis, m'intrigue. Je pense qu'elle a vu quelque chose et que le fait que quelqu'un l'écoute et la croie lui ferait le plus grand bien.

– Oh non ! Pitié ! Je ne suis pas venue passer un week-end avec Mère Teresa !

– OK… OK… Marchons…

Il était un peu plus de 11 heures lorsque nous avons regagné le Manoir. Miss Esterin aidait Laurence à débarrasser le coffre des achats qu'elle avait faits à Limoges. Elle nous salua chaleureusement tandis que Michel, depuis la cuisine où il prenait un verre de vin à la châtaigne avec un artisan, nous invitait à nous joindre à eux.

Cette maison était sereine, chaleureuse et je ne ressentais aucun indice de perturbation quelle qu'elle soit. Les mémoires étaient là, nombreuses mais non polluantes, du moins me semblait-il.

Nous dégustions le vin à la châtaigne avec l'artisan maçon qui devait restaurer un pan de mur au printemps suivant. Il faisait claquer sa langue à chaque gorgée, et en regardant autour de lui, le verre à la main, il nous dit :

– J'ai fait un chantier chez les Malemont il y a quelques années. Ceux qui habitaient du côté de Tulle.

Je sursautai presque à l'énoncé de ce patronyme.

– Je crois qu'il n'y a plus de descendance, annonça Michel.

– Les Malemont ? lui demandai-je.

– Oui, confirma Michel. C'était une grande famille du coin dont il semblerait que quelques-uns aient habité ici il y a longtemps. Cette maison a tellement souvent changé de propriétaires…

– Ah ! Mais c'est sûr qu'ils ont habité ici, affirma le maçon. Mon grand-père et mon arrière-grand-père ont travaillé chez eux. Mais du temps de mon père, ils n'étaient plus là. Je suis la quatrième génération à travailler dans cette maison. Mes aïeuls y étaient journaliers, mon père et moi y sommes revenus en tant qu'artisans.

– Il va être temps de se mettre à table, annonça Laurence, m'invitant à la suivre.

– Allez, je vous laisse, dit l'artisan en nous serrant la main.

Ce n'est qu'au moment de prendre le café que je rejoignis mademoiselle Esterin dans la bibliothèque. Sylvie, ayant atteint sa dose maximale de ruralité, avait décidé de passer l'après-midi avec une cousine à Limoges.

– Vous saviez que la famille de Malemont avait vécu ici ? demandai-je à Miss Esterin.

– Oui, bien sûr ! dit-elle. Vous pensez bien que je me suis intéressée à la question.

– Donc vous savez beaucoup de choses sur Joseph ?

– Beaucoup, non. Disons que je sais qu'il a vécu ici avec ses parents vers la fin du XIXe siècle. Il est décédé juste avant la guerre de 1870. Il était jeune. Il devait avoir à peine trente ans.

– Vous en avez parlé à nos hôtes ?

– Oui.

– Et ils ne vous croient pas ?

– Je crois qu'ils pensent que mon imagination et ma passion pour l'histoire créent parfois des distorsions de la réalité.

– Il est dur de ne pas être entendue, n'est-ce pas ?

– Au début oui, mais très vite, on se rend compte que ce n'est pas essentiel. La seule vérité qui vous libère est celle que vous énoncez.

– Vous savez comment il est mort ?

– Non…

– De quoi vous parle-t-il, mademoiselle Esterin ?

– Appelez-moi Eva. Il parle de tout, de

littérature, de l'époque bien sûr, de musique, mais il ne reste pas longtemps. Il finit par partir en disant qu'il doit aller dîner chez un ami.

– Combien de fois l'avez-vous vu ?

– Ah, je ne sais plus… Plusieurs fois en tout cas.

– Vous étiez seule ?

– Pas toujours. Laurence était là, une fois. Michel une autre fois. Mais eux ne le voyaient pas. Seulement, comme je vous l'ai déjà dit, des touristes de passage l'ont vu tout comme moi.

– Sait-il qu'il est mort ?

– Je ne le lui ai pas demandé. Il n'a pas l'air de s'en soucier, si je puis dire.

– Et vous me confirmez qu'il est en chair et en os comme vous et moi ?

– Absolument. Un jour, il s'est même mis au piano. Il a joué un court extrait d'une sonate de Schubert.

– Mais… Les autres ont entendu ?

– Je n'en sais rien. Personne ne m'en a parlé.

– Vous le leur avez dit ?

– À quoi bon ?

Elle resta silencieuse en regardant ses doigts puis s'esquiva.

– Je crois que je vais aller prendre l'air avant qu'il ne pleuve.

Je la vis se lever péniblement, et elle quitta la pièce de sa démarche peu assurée.

Je restai dans la bibliothèque tout l'après-midi.

J'avais saisi un livre au hasard sur une étagère, *L'Éducation sentimentale*, de Flaubert, que je n'avais pas relu depuis la terminale. Je m'y remis, mais, dans ce cadre apaisant, la langue de Flaubert, pourtant magnifique, eut raison de ma vigilance, et je m'endormis.

La nuit tombait lorsque j'ouvris un œil, la tête calée dans mon fauteuil à oreilles, et je dus faire une mise au point dans la pénombre de la bibliothèque pour en reconnaître les meubles. Je sortais de ma torpeur en regardant autour de moi lorsque j'aperçus quelque chose sur l'un des fauteuils de cuir, ou plutôt quelqu'un qui y était avachi, la jambe pendante sur l'un des accoudoirs. Je cillai plusieurs fois de suite, pour être sûre que mes sens ne me trompaient pas. Et quand j'eus confirmation de cette présence, évidemment je me redressai d'un bond sur mon siège.

– Je vous ai fait peur ? J'en suis désolé.

C'était un homme dont je devinais la chevelure noir de jais et le teint très pâle, mais sans parvenir à distinguer ses traits dans la pénombre. Je me levai donc pour allumer une lampe.

Le faisceau de lumière éclaira le personnage chaussé de bottes, cravate lavallière ; il tenait même une cravache qu'il frappait machinalement dans la paume de la main gauche.

– Bonsoir, dis-je sans oser bouger de peur de voir l'apparition s'évanouir.

– Bonsoir.

Il était tellement réel qu'on l'aurait cru venu en voisin, rendre une visite de courtoisie.

– J'ai… dormi, bafouillai-je, hébétée.

– Vous avez bien fait et je vous envie, car moi, je ne dors plus. Vous lisez ?

– Oui… Euh… Flaubert…

– Flaubert… Lequel ?

– *L'Éducation sentimentale*.

– Ah ? Curieux… Je ne le connais pas.

Je le fixais, et je sentais cet effluve de jasmin qui flottait dans l'air.

– Monsieur de Malemont ?

– Mais oui ! Pardonnez-moi, je ne me suis pas présenté. Où ai-je la tête ?

Il se leva et vint vers moi.

J'étais terrifiée à l'idée que j'allais devoir lui serrer la main.

Il me la tendit en souriant et je m'apprêtai à la saisir, lorsqu'une voix s'exclama :

– Mais qu'est-ce que tu fais dans le noir ? Tu veilles les morts ?

Sylvie était entrée, avait aussitôt allumé la lumière centrale, et déposé sur le siège du fantôme les emplettes qu'elle avait faites à Limoges.

J'étais là, seule, assise dans mon fauteuil à oreilles, les yeux encore écarquillés après avoir vu le fameux Joseph disparaître sous les paquets de Sylvie.

– Ben alors, qu'est-ce qui t'arrive ? On dirait que tu as vu un fantôme !

– J'AI VU un fantôme.

– Oh, ça ne va pas recommencer ! À voir tes yeux, tu sembles plutôt avoir dormi !

– Oui… C'est vrai… J'ai dormi…

– Eh bien ! Réveille-toi ! Tu sais quoi ? Nous allons prendre l'apéritif dans un petit bar que j'ai aperçu dans le village d'à côté.

– Oui… Sans doute, ça me fera du bien…

*

– Tu as rêvé, c'est tout ! soutint Sylvie en portant un verre de chablis à ses lèvres. Je sais que tu es médium, mais on ne peut pas affirmer que tu as vu ce type, pas plus que Miss Wisigothe.

– Mais je me suis levée pour allumer une lampe pour mieux le voir !

– Je n'ai pas vu de lampe allumée en arrivant, déclara Sylvie. Enfin… Je ne crois pas.

– C'était tellement précis… insistai-je.

– Certains rêves le sont. Cette histoire

t'obsède. Oublie-la jusqu'à demain, car tu te souviens que l'on part demain après-midi ?

– Oui, bien sûr…

Nous avons regagné le Manoir.

Laurence, Eva Esterin et Michel venaient de se mettre à table. Je me sentais un peu « sonnée » et cela devait se voir.

Je regardais machinalement les portraits sur les murs, lorsque l'un d'eux attira mon regard. Je le fixai attentivement car il me semblait reconnaître l'homme de la bibliothèque. J'interrompis les considérations de chacun sur la météo et les bienfaits du chauffage au bois pour demander :

– Pardonnez-moi, mais qui est cet homme ?

– Quel homme ? demanda Michel qui était en train de servir à boire.

– Cet homme-là !

– Lui ? Je ne sais pas trop… Probablement un membre de la famille d'anciens propriétaires. Ce sont les portraits que nous avons retrouvés au grenier…

Eva me regarda d'un air entendu.

Je n'avais pas rêvé, c'était bien Joseph de Malemont et il était passé dans la bibliothèque. Eva Esterin n'était pas folle.

Le dîner se prolongea.

– Vous êtes sûres que vous désirez rentrer demain ? demanda Laurence avec un joli sourire.

– J'aurais bien prolongé ce séjour, croyez-moi, mais des obligations m'attendent en Berry.

– Je vous retiens pour une partie de Scrabble dans la bibliothèque ce soir, me dit Eva.

– Volontiers, répondis-je, comprenant que son intention était tout autre.

Sylvie me regarda, effarée.

– Un Scrabble ! Bon… Eh bien je crois que je vais me choisir un bon film à regarder, dans ce cas.

Laurence et Michel s'affairèrent au rangement puis nous saluèrent avant de monter. Sylvie me prit à part.

– Ne me dis pas que tu vas jouer au Scrabble toute la soirée ?

– C'est un prétexte pour discuter avec Eva.

Elle haussa les épaules, vaguement agacée.

– Et je suppose que ce n'est pas des Wisigoths que vous allez parler… Tu sais quoi ? Tu devrais arrêter avec ta médiumnité, ça finit par te monter à la tête.

J'hésitai entre le rire et l'exaspération. Comme si j'étais maître de cette médiumnité !

Je me contentai de faire à Sylvie un signe de la main tandis qu'elle montait l'escalier pour regagner sa chambre, et partis rejoindre Eva dans la bibliothèque.

Eva attendit que je m'asseye, puis elle me regarda droit dans les yeux et me dit :

– Vous l'avez donc vu !

– Écoutez… Pour être franche, je ne sais pas si je l'ai vu ou si je l'ai rêvé, mais je sais que je l'ai reconnu sur l'un des portraits auquel je n'avais pas prêté attention auparavant.

– Vous n'ignorez pas qu'il est des mystères dans la vie qu'on ne peut expliquer, reprit Eva. Au début, cela m'a beaucoup troublée, et puis je m'y suis habituée. Je n'en comprends pas la signification, mais est-il important de tenter de la comprendre, et y a-t-il un sens à tout cela ? Combien de personnes croisons-nous que d'autres ne voient pas ? Et voyons-nous tout ce que les autres voient ? Prenez l'exemple des témoignages recueillis lors d'affaires judiciaires : ils sont tous différents pour décrire une même scène. Rien que cela pose question.

Eva resta silencieuse un instant, comme si elle hésitait à poursuivre. Puis elle se décida :

– Lorsque j'étais enfant, je me souviens d'avoir eu une amie imaginaire. C'est ainsi que ma mère la qualifiait. Elle s'appelait Clémence et pour ma part, je ne crois pas l'avoir inventée. Elle venait souvent me retrouver dans le parc de la maison, et nous jouions ensemble. Elle avait à peu près mon âge, était toujours vêtue de la même manière, et me recommandait de ne pas approcher la rivière qui coulait un peu plus loin.

» Lorsque je regagnais la maison et que nous dînions avec mes parents, je leur racontais mes conversations avec Clémence, et mon père disait immanquablement à ma mère en souriant d'un air ironique : "Notre fille a une imagination très fertile."

» À quoi ma mère répondait : "L'affabulation fait partie du développement cérébral des jeunes enfants."

» J'étais une "jeune enfant", cinq ou six ans peut-être, mais je n'affabulais pas, contrairement à ce que croyaient mes parents.

» Et puis, au fil des années, Clémence s'est faite de plus en plus rare. Je n'y pensais plus. Peut-être mes parents avaient-ils raison…

» Sauf que bien plus tard, en parlant avec un jardinier qui venait tondre la pelouse, j'ai appris que dans cette rivière et à cet endroit, une gamine du village s'était noyée dans les années 1920 !

» Je me souviens que lorsqu'elle venait, vers la fin de ses apparitions, elle se tenait au loin, et alors que je lui demandais de s'approcher ou que j'essayais de la rejoindre, elle s'évanouissait comme une fumée. Les enfants ne se posent pas toutes les questions que se posent les adultes. Ils vivent ces expériences sans essayer de les disséquer, en acceptant ce qui leur arrive. Ils les racontent innocemment, et ce sont les parents qui émettent un jugement, leur demandant même parfois d'arrêter de raconter n'importe quoi.

» Je suis une vieille dame, et ces rencontres avec Joseph de Malemont me ramènent à cette enfance secrète.

» Je me dis une fois de plus qu'il est inutile d'essayer de prouver quoi que ce soit, il faut juste recevoir et accepter ce qui vient et qui est si furtif. Nous gâchons tout à peine voulons-nous prouver, justifier ce que nous vivons, comme si nous étions devant un tribunal. C'est tellement vain. »

J'avais écouté attentivement chacune des paroles de mademoiselle Esterin, et j'étais de son avis, même si le chemin que j'empruntais n'était pas exactement le même que le sien.

– Vous avez raison, lui dis-je quand elle se tut, mais notre société veut des explications immédiates pour toute chose. Comme si tout était à l'image d'une machine à café dans laquelle nous mettons un jeton. Chaque question est un jeton et l'on exige la réponse dans la foulée. On ne chemine plus, on consomme.

– Je suis bien d'accord, acquiesça la vieille demoiselle. Je vis seule et dans un autre temps, et cela me convient. Pensez-vous néanmoins que le fait que j'aie fréquenté cette amie imaginaire, cette Clémence pendant un ou deux ans, pourrait expliquer que je voie Joseph de Malemont ?

– Bien sûr. Les enfants sont tous médiums. Certains en parlent, d'autres se taisent pour ne pas inquiéter les parents, ou afin de garder pour eux un secret enchanteur. Vers l'âge de sept ans, cela disparaît peu à peu. Est-ce dû à cet âge que l'on qualifie de « raison » ? Je l'ignore, mais je sais que certains capteurs fonctionnent moins bien car le mental, alors, prend beaucoup plus de place dans nos raisonnements.

– Vous voulez dire que le mental tue l'intuition ?

– C'est un peu cela.

– Comment expliquez-vous qu'à mon âge je parvienne à voir de nouveau ? Retomberais-je en enfance ? demanda Eva en riant de bon cœur.

– Je ne pourrais vous le dire, mais il est vrai que si certains adultes qui ont « vu » étant enfant ne voient plus jamais, d'autres retrouvent cette faculté, mais on ne peut expliquer pourquoi.

– En tout cas, ce que je peux affirmer me concernant, c'est que c'est indépendant de ma volonté, m'affirma Eva en se laissant tomber au fond du fauteuil.

Nous avons discuté tardivement jusqu'à ce que nous décidions de monter nous coucher.

*

C'était ma dernière soirée au Manoir, et j'aurais tellement aimé avoir un signe de cet hôte invisible, mais tout cela est bien sûr indépendant de notre volonté. Nous ne provoquons pas les rencontres, elles se font si certaines conditions que nous ne maîtrisons pas sont réunies. Un certain lâcher-prise est nécessaire, car c'est souvent lorsque nous nous y attendons le moins que les choses arrivent.

Je me couchai et fixai le plafond décagonal, les doigts croisés derrière la tête. Mes paupières devinrent lourdes et je finis par les fermer.

J'eus l'impression de les ouvrir brutalement pour apercevoir, dans la lumière diffuse que filtrait la fenêtre, quelqu'un, debout à deux ou trois mètres de mon lit. J'allumai la lampe à portée de main.

– Joseph de Malemont !

– Lui-même ! J'espère ne pas vous avoir à nouveau effrayée ! me dit-il en s'asseyant sur la chaise près du guéridon.

Je le voyais parfaitement bien. Très élégant, avec sa redingote, sa lavallière, ses bottes et sa cravache. Son visage était pâle mais beau, sous cette épaisse chevelure de jais qui tombait en boucles.

Une trentaine d'années, et beaucoup d'aisance dans son comportement.

– Je dois aller dîner chez un ami. Vous êtes une amie de ma mère ?

– Heu non… Je suis de passage.

– C'est incroyable le nombre de gens de passage dans cette maison, murmura-t-il, pensif.

– Nous nous sommes déjà vus hier, je crois.

– Hier ? Sans doute… Pardonnez-moi mais c'est fou ce que je peux perdre la mémoire en ce qui concerne mes journées. Sans doute parce que je n'y fais pas grand-chose.

J'aurais voulu prendre une photo, fixer cet instant incroyable. Il était là, à deux pas, je pouvais presque le toucher.

Je remontai les couvertures, il faisait froid.

– Vous avez froid, mais il fait froid en cette saison. Le froid ne donne rien de bon pour les poumons.

Je notai cette phrase déjà entendue dans la bouche d'Eva.

– Vous avez déjà été malade des poumons ?

– Moi ? Non… Je ne crois pas, mais je ne sais plus très bien.

Il me parlait, très clairement, comme s'il était incarné tout comme moi, mais ses idées semblaient réduites, son raisonnement, limité par une sorte d'amnésie et des paroles répétitives.

Il frappait machinalement sa cravache dans sa main, en me regardant.

Des coups rythmés retentirent sur la porte, qui me réveillèrent en sursaut.

J'avais donc encore rêvé.

J'ouvris la porte et découvris, plus minuscule que jamais, Eva, dans une robe de chambre en laine des Pyrénées qui lui descendait jusqu'aux pieds.

– Venez vite, il est dans ma chambre !

– Qui ? demandai-je, ensuquée.

– Malemont ! Je lui ai dit d'attendre. Venez vite !

Je la suivis en pyjama, jusqu'au bout du couloir où se trouvait sa chambre.

J'y entrai et ne vis qu'un lit défait, et une lampe qui éclairait faiblement une chambre ordonnée.

– Ça alors ! J'étais persuadée qu'il attendrait.

– Comment ça ?

– Je lui ai dit de patienter et que je voulais vous le présenter. Mais…

J'imaginais l'entrée de Sylvie à cet instant. Qu'aurait-elle dit devant ce tableau ? Je n'osais y penser.

– Je viens de le voir également, mais en rêve.

– C'est étrange, car c'est la première fois qu'il me rend visite dans ma chambre. Vous croyez que cela signifie quelque chose ?

– Je ne sais pas, tout comme je ne sais pas quel est son degré de conscience lorsqu'il se manifeste. Il peut certes parler littérature, musique et toutes autres choses de son époque, mais il répète toujours une même scène, celle qui précède son départ pour aller chez son ami. Il faudrait comprendre pourquoi. Certains esprits répètent à l'infini des passages qu'ils ont faits dans des lieux, lorsque ces passages sont significatifs soit d'un traumatisme subi lors de leur décès, soit de ce qu'ils avaient coutume de faire en vivant dans le lieu.

– Qu'est-ce que cela signifie ?

– Cela signifie qu'il faudrait chercher à savoir ce qui est arrivé à ce Joseph après cette fameuse soirée.

– Cela me paraît difficile.

– À moi aussi. Mais si l'on veut nous l'indiquer, je peux vous assurer qu'on trouvera le moyen.

– Qui, « on » ?

Je souris : Eva ne pouvait pas savoir…

– Ceux que j'appelle ma hiérarchie, mes guides, si vous préférez. Vous comprenez ?

– J'ai toujours pensé que vous étiez médium, répondit simplement Eva, le plus naturellement du monde. Bonne nuit, Patricia !

*

Je descendis un peu plus tard que d'habitude le lendemain matin, et trouvai Michel en train de boire un café dans la salle à manger avec un inconnu.

– Je vous présente Édouard, notre notaire et ami.

– Enchantée !

– Si vous avez des questions à lui poser sur l'histoire locale, profitez-en, c'est un spécialiste ! Eva vous le confirmera.

– Un passionné plus que spécialiste, rectifia le notaire en rougissant légèrement.

Il avait à peine une cinquantaine d'années, et semblait plutôt timide.

– Vous connaissez l'histoire de cette maison, alors ? lui demandai-je, profitant de l'opportunité qui s'offrait à moi.

– L'histoire, ce serait beaucoup dire, disons que j'en sais quelques bribes.

Mademoiselle Esterin fit son entrée, et se joignit immédiatement à la conversation.

– J'aimerais bien profiter de vos informations, lui dit-elle.

– C'est vrai que vous ne m'avez jamais interrogé là-dessus, remarqua Édouard, ravi de l'intérêt qu'il suscitait.

– Pouvez-vous nous parler de cet homme-là ? lui dis-je en lui montrant le portrait de Joseph de Malemont qui trônait au-dessus d'une jolie commode.

– Oui, insista Eva : Joseph de Malemont.

– Comment savez-vous que c'est Joseph de Malemont ? s'exclama Michel, surpris. Son nom n'est inscrit nulle part.

– Nous le savons, se contenta de répondre Eva qui ne se sentait plus seule et avait repris de l'assurance.

– Joseph de Malemont… Voyons… dit le notaire en rougissant encore, sous le coup de l'émotion. Il appartenait à la famille qui vivait ici au XIXe siècle. Je crois avoir lu dans un fascicule qui en racontait l'histoire qu'il était fils unique, et qu'il est mort tragiquement.

– Tu pourrais me le prêter ? demanda Michel.

– Si je le retrouve… C'est un historien local des années 1960 qui a écrit la vie de cette famille.

– De quoi est-il mort ? demanda Eva.

– Je crois qu'il est mort d'une pneumonie. Il était jeune. Il n'avait pas trente ans.

– Une pneumonie ? répétai-je en repensant à sa considération sur le froid.

– C'était un grand cavalier, et il me semble me rappeler qu'il montait à cheval en toutes circonstances et qu'il aurait pris froid de cette manière.

– En allant dîner chez un ami, ajouta Eva.

– Quoi ? s'étonna Michel.

– Je n'en sais rien, dit Édouard, la circonstance est inconnue.

– On peut imaginer, non ? dit Eva.

C'est à ce moment-là que Sylvie fit son entrée.

– Bonjour ! s'exclama-t-elle, apparemment en pleine forme et loin de nos conjectures. Qui est ce beau gosse ? osa-t-elle en désignant le portrait que le notaire avait décroché.

– Joseph de Malemont, dit Eva.

– Oh non ! C'est pas possible ! soupira Sylvie.

– Pardon ? demanda Michel qui semblait ne plus suivre le fil de la discussion.

– En tout cas, il n'était pas mal du tout, conclut Sylvie.

*

– On peut imaginer que Joseph est resté bloqué dans l'instant qui précédait son départ vers ce dîner, alors que c'est au cours de ce trajet qu'il a pris froid.

Je discutais avec Eva qui était venue me rejoindre dans ma chambre alors que je préparais mon sac, l'heure du départ ayant sonné.

– Il parle du froid et des poumons, tout comme Clémence me parlait du danger de la rivière, comme si l'un et l'autre évoquaient des souvenirs confus, puisqu'ils ne sont pas conscients de leur mort, dit la vieille demoiselle. Ils savent sans savoir, tout est trouble, rien n'est défini, et ils répètent cela à l'infini, comme s'ils voulaient s'accrocher à cette existence d'où ils sont exclus.

– C'est exact. Ce qui est intéressant dans cette histoire, c'est que vous, Eva, vous le voyez, et moi je le rêve. D'autres ne le voient pas du tout.

– Demande-t-il de l'aide sans même le comprendre ? hasarda Eva.

– Je ne le crois pas. Il serait compliqué de lui expliquer qu'il est décédé. Je pense qu'il ne voudrait pas l'entendre car c'est ce qu'il tente de fuir.

– Est-il condamné à revenir dans cette bibliothèque chaque automne ?

– Jusqu'à ce qu'il comprenne qu'il n'a plus besoin d'y revenir.

– Cela peut durer longtemps ! dit Eva, l'air navré.

– Le temps n'existe pas. Dans sa tête, il n'est toujours pas parti à ce dîner. Il retarde le moment de partir. Il refuse sa mort, en somme.

– Comment va-t-il comprendre que tout cela est advenu ?

– Il le comprendra. Que nous en parlions, déjà, est un début. Nous savons, et le fait pour lui d'en prendre conscience modifie son état, c'est ainsi et c'est rapide. Il est apparu dans votre chambre et dans la mienne, un autre endroit que celui de la bibliothèque. C'est un signe. Il bouge. Il ne se confine plus à un lieu.

– C'est vrai, admit Eva.

– Vous savez, Eva, nous allons penser à lui et lui parler où que nous soyons et à notre manière pour l'inviter à quitter son cercle vicieux. Je suis sûre que cela sera efficace.

– Vous croyez ?

– Ne mésestimez pas la force de la pensée. Pour lui, il n'y a rien d'autre à faire. Il a besoin de temps.

*

Nous sommes rentrées dans l'après-midi avec Sylvie qui avait repris le volant et chantait en conduisant. Elle était ravie de son week-end détente et ramenait des recettes de spécialités limousines que Laurence lui avait enseignées.

Deux mois plus tard je passai un coup de fil au Manoir pour adresser mes vœux de Nouvel An aux gentils propriétaires.

Laurence était touchée et volubile.

– Vous nous avez porté chance, vous savez !

– Ah bon ? Pourquoi ?

– Nous n'en parlions pas mais nous avions des tas de blocages dans nos affaires, des crédits, des travaux et un chiffre d'affaires peu satisfaisant. J'avais souvent mal à l'estomac. Depuis, tout s'est débloqué, et je n'ai plus mal. L'année s'annonce sous les meilleurs auspices !

– J'en suis heureuse, dis-je. Et Eva ?

– Elle va bien. Elle a passé les fêtes avec nous, les enfants sont venus et vous savez quoi ? Elle va terminer son essai et écrire sur la famille Malemont. Vous savez, cette famille qui vivait dans la maison au XIXe siècle.

– Intéressant, m'entendis-je prononcer.

Joseph était sans doute parti, ou sur le départ. Pas pour un dîner mais pour une contrée où l'on n'attrape plus jamais froid.

– 7 –

CES PRÉSENCES QUI NE SONT PAS DES FANTÔMES

Il est évident qu'en vous parlant de « fantômes », je fais allusion à ces âmes qui sont restées bloquées dans notre espace-temps, et qui sont incapables de nous apporter quelque aide que ce soit, mais au contraire nous infligent parfois leurs angoisses et le cercle vicieux de leurs pensées.

Il existe aussi des demeures qui, sans la moindre intervention fantomatique, semblent nourrir une réelle antipathie à l'égard de tous leurs habitants. Et l'on ne pourra jamais modifier leur « attitude », à moins de comprendre ce qui la provoque, que ce soit les matériaux nocifs qui ont été utilisés pour leur construction, des angles malveillants, un sous-sol mouvant et bien d'autres raisons possibles.

À l'inverse, il y a des maisons d'emblée

accueillantes. On les « reconnaît », comme j'ai reconnu la mienne dès que j'y suis entrée.

Oserai-je dire qu'elles aussi nous reconnaissent ? Je n'irai pas jusque-là et pourtant, je ne résiste pas à la tentation de vous raconter ce que m'a confié il y a quelque temps une traductrice « russe-français », venue dîner chez moi avec l'un de mes amis.

Je lui laisse la parole.

*

Quand maman m'a donné ma part d'héritage de mon père, mort brutalement dans un accident de voiture, je me suis mise en quête d'un appartement. Comme je travaillais chez moi, je me montrais assez difficile et j'en refusai plusieurs…

Jusqu'au jour où je suis tombée sur le mouton à cinq pattes ! Salle à vivre et bureau en plein sud donnant sur de superbes jardinets qui jouxtaient des ateliers d'artistes – autant dire pas de vis-à-vis proche – et deux chambres s'ouvrant sur une magnifique cour carrée classée. Je jubilais devant l'agent immobilier et la propriétaire des lieux, une comtesse un peu condescendante à mon égard, sans doute à cause de ma jeunesse, à moins que ce ne fût ma minijupe que, visiblement, elle n'appréciait guère.

Nous étions un vendredi soir, j'ai voulu signer un compromis de vente tout de suite, mais l'agent immobilier partait en week-end et nous avons pris date pour la semaine suivante.

J'étais déjà en train de meubler les pièces dans ma tête quand le lundi matin, l'agent m'appela, fou de rage.

– Elle ne veut plus vendre ! cria-t-il hors de lui. Une histoire de neveu sorti de nulle part qui serait intéressé. Je n'y comprends rien, ça fait un mois qu'elle me harcèle pour que je vende ce truc !

« Ce truc » ! Je me souviens très bien que ce mot m'a choquée comme si l'on insultait ma mère…

– Vous ne croyez pas plutôt qu'elle en veut plus cher ? demandai-je, me souvenant de mon excès d'enthousiasme.

– J'y ai pensé, je lui ai même proposé qu'on se revoie, mais rien à faire. « Son neveu », toujours… à moins qu'elle ne se sente gênée, vis-à-vis de vous, d'avoir fait cette surenchère à la suite de votre emballement.

Je remerciai l'agent qui me promit de me trouver autre chose : il savait précisément ce que je voulais, à présent…

Puis, écœurée, j'ai pris ma traduction en cours sous le bras et j'ai accepté l'invitation d'une amie de maman qui avait un ravissant petit manoir en Normandie. J'y suis restée six semaines et j'y ai terminé mon travail.

Dès mon retour, je me replonge dans les petites annonces du *Figaro*. Et là, je manque tomber de ma chaise quand je lis la description fidèle de « mon » appartement, sensiblement augmenté.

La comtesse avait aussi changé d'agent immobilier. Je n'hésite pas une minute, je pars aussitôt voir ce nouvel intermédiaire, car je sens que je dois établir avec lui un protocole un peu spécial si je ne veux pas, cette fois-ci, que l'affaire m'échappe.

Je lui raconte donc mon histoire et nous peaufinons notre scénario. Je suis représentante en vins, absente de Paris pour le moment, mais j'ai vu les photos, je lui fais confiance, et j'aimerais signer chez le notaire lors de mon prochain passage dans la capitale dans quatre jours. Pas besoin de compromis, j'envoie tout de suite des arrhes à l'agent et après je paie cash : pas de prêt, pas de problème.

Je me demande encore comment ça a pu marcher ! Bizarrement, la dame avait du mal à trouver preneur pour cet appartement où beaucoup de travaux restaient à faire mais qui était quand même magnifique.

… La tête de la comtesse quand elle m'a vue chez le tabellion ! Mais c'était une fine mouche, elle a fait comme si de rien n'était et nous avons signé. Et quand je l'ai revue pour régler diverses formalités, la remise des clés, entre autres, nous avions décidé tacitement l'une et l'autre d'oublier le passé.

J'ai emménagé un mois plus tard et je suis ici depuis quarante ans. Même mes amis les plus cartésiens, terre à terre du genre « un et un font deux », me disent souvent que chez moi, « il y a de bonnes ondes » !

*

Hasard ? Peut-être. Mais le hasard a parfois bon dos. Dans l'aventure de notre traductrice, il ne faut pas sous-estimer la puissance de l'esprit. Que ce soit la forte volonté qu'avait cette femme de vivre dans ce lieu… ou celle des présences immanentes qui veillaient sur lui.

J'ai eu l'occasion de vérifier l'influence des anciens habitants de certaines demeures dans l'acceptation d'acquéreurs qui leur convenaient ou le refus de ceux qui ne leur plaisaient pas. Et j'ai compris aussi que les demeures qui nous attendent sont des lieux propices pour l'accomplissement de notre destin.

Je me souviens qu'après l'achat, il y a longtemps, d'une minuscule maison de campagne, je découvris qu'elle était habitée par l'esprit d'un ermite mérovingien avec lequel je communiquai plusieurs fois (j'en parle longuement dans *N'ayez pas peur de la vie*[1]). Dès mon arrivée, il me fit comprendre qu'il savait que je viendrais habiter ce lieu. Alors que j'essayais de savoir comment cela était possible, il me dit seulement : « C'est ainsi. »

Je m'étonnai un peu. Depuis le temps qu'il semblait être là, il avait dû voir passer nombre d'habitants dans cette maison. Les attendait-il tous ?

– Non, me dit-il. Notre destinée est une route que nous avons tracée, et si certaines déviations sont incontournables, d'autres peuvent être adoptées par nos propres choix qui ne sont pas forcément toujours opportuns.

Et il m'expliqua qu'il « m'acceptait à condition que je ne commette aucune hérésie dans ces murs ».

En fait, la maison n'était pas un lieu de culte mais une sorte de presbytère des temps

1. Éditions Michel Lafon, 2016.

anciens, accolé à une église qui avait disparu mais qui existait bien à cet endroit autrefois. Certains propriétaires avaient donc été chassés par les exigences de notre moine, et n'étaient restés que quelques mois dans leur nouvelle acquisition.

Nos demeures font partie de notre projet d'évolution. Nous pouvons bien sûr leur imposer ce que nous sommes, mais il est évident qu'elles vont nous influencer.

Lorsque nous arrivons dans une maison chargée de ses mémoires ou de ses habitants invisibles à nos yeux, nous le ressentons spontanément, mais peu à peu, en y vivant, nous avons l'impression que la charge disparaît, sans doute parce que nous l'avons domptée ou effacée. Il n'en est rien.

C'est elle qui nous dompte et qui nous fait rentrer dans sa tanière. Nous devenons la demeure, plus silencieux ou plus exubérants, plus dépressifs ou plus joyeux. Combien de fois ai-je noté la transformation psychologique d'amis qui s'étaient rendus acquéreurs d'une nouvelle demeure ! Alors que, pour ma part, j'ai juste la sensation que la mienne me prend dans ses bras et me protège. Les amis qui viennent m'y rendre visite ont le même sentiment ; l'un d'eux m'a même dit un jour qu'il avait l'impression d'être dans une cage de Faraday, loin des pollutions extérieures. Ce n'est pas tant son décor que ce qu'elle dégage. J'ai appris qu'elle était construite dans l'enceinte d'un temple gallo-romain dédié à Jupiter.

Cette sensation de protection vient-elle de là ?

En tout cas, c'est ici que se sont développées mes facultés médiumniques, et j'ai toujours pensé que ma maison contribuait à me protéger des rencontres négatives que j'aurais pu – ou pourrais encore – faire dans mes différentes interventions en tant que médium.

*

Les maisons accueillantes peuvent aussi favoriser des manifestations très agréables qui viennent s'inscrire dans les signes que l'après-vie nous envoie discrètement.

Une amie m'a raconté qu'en emménageant dans sa nouvelle habitation, elle ressentait une présence « bienveillante », qu'elle a fini par identifier comme étant celle de son défunt père.

– C'est étrange, disait-elle, il n'a pourtant jamais vécu ici, mais je sais que c'est lui qui se manifeste lorsque je sens cette odeur de cigarette, ou lorsque je trouve des petites plumes sur mon parquet.

Ah ! Ces curieux signes que la plupart d'entre nous voient ici ou là ! Certains leur donnent aussitôt un sens « paranormal », d'autres s'en moquent et n'y voient aucun message. Là comme ailleurs, il faut se montrer ouvert mais prudent.

Il n'empêche que les défunts – je l'ai déjà dit dans un précédent ouvrage –, lorsqu'ils ne parviennent pas à se faire entendre ou voir, ou ne souhaitent pas nous effrayer, utilisent la matière fluide et légère, voire influencent de minuscules animaux, subtils et mobiles, pour nous faire comprendre qu'ils sont près de nous.

Ils choisissent ce qui est symboliquement rassurant et n'hésitent pas à téléguider certains petits volatiles qui viennent étrangement se poser tout près de nous sans paraître effarouchés, ou encore certains insectes, dont les papillons, qui depuis l'Antiquité sont le symbole de la survie de l'âme, pour nous faire comprendre qu'ils sont vivants ailleurs.

Les plumes font partie des éléments utilisés et parfois, on peut en trouver dans la maison en des endroits où il n'y a aucune raison qu'elles soient. Ces signes sont comme des petits billets où seraient inscrits ces mots : « Je suis passé » ou encore « Je veille sur toi ».

Mais il est possible également que nous réussissions, tout comme nous sommes capables de faire disparaître certains objets, à provoquer nous-mêmes certaines manifestations que notre inconscient nous suggère pour nous aider à avancer ou à reprendre le droit chemin, en utilisant des symboles et des rêves, comme le font nos défunts.

Cela dit, il n'y a rien d'étrange à rêver d'un être cher disparu, soit parce qu'il nous a quittés depuis peu, soit parce que nous repensons à lui, même des années après son trépas. Donc il n'est pas très raisonnable de penser que chaque fois qu'un défunt apparaît dans nos songes, c'est qu'il est venu nous dire quelque chose !

En revanche, il n'est pas dérisoire de s'attarder sur des rêves symboliques, si clairs et si forts qu'on ne peut pas s'empêcher d'en faire une interprétation.

Je me souviens, entre autres, de la profonde émotion d'une de mes amies qui me raconta ce qu'elle avait rêvé, le lendemain de la mort de son conjoint.

– Mon mari et moi nous aimions profondément et nous entendions très bien, me dit-elle. Sauf sur un point : je croyais à la vie éternelle, lui pas. Il était persuadé qu'à sa mort, il ne serait bientôt qu'un tas d'os et que tout serait fini. Ce qui lui valait d'ailleurs, sans qu'il en admette la raison, de profondes phases dépressives. Moyennant quoi il avait organisé son enterrement avec une précision de maître de cérémonie, un peu comme on prépare un pot d'adieu dans une entreprise où l'on a passé des années. Bref, il a fini sa vie profondément triste.

» J'ai rêvé de lui une seule fois, le lendemain de son départ. Il était allongé sur une sorte de catafalque, et en même temps me regardait, absolument radieux.

» C'est comme s'il était venu me rassurer et me dire que j'avais raison : il était au pays de la lumière. »

Nos défunts partiraient-ils pour mieux revenir nous visiter ? Ce n'est pas si simple…

« Les morts sont invisibles mais pas absents », disait Victor Hugo. Lui-même avait expérimenté le spiritisme dans son exil de Guernesey, et finit par le regretter, car, sans doute trop addict et peu prudent, il reconnaissait se sentir pollué par certaines entités qui prétendaient être ses guides mais qui ne l'étaient certainement pas.

Voilà de quoi nous inciter à la prudence. Nous pouvons toujours ouvrir des portes, mais nous ne savons jamais ce qui se trouve derrière. La mystification utilisée par certains esprits peut nous entraîner sur des chemins bien périlleux.

En revanche, la visite impromptue, délicate et apaisante est un cadeau qui nous incite à avancer en nous confirmant que rien n'est un hasard, mais que tout s'inscrit au contraire dans un monde multidimensionnel où les événements s'entrelacent avec logique et intelligence, quelles que soient les épreuves que nous ayons à traverser.

Nous naissons pour mourir un jour, et ce qui est étrange, c'est que nous ne l'inscrivons pas d'une manière simple et naturelle dans notre chemin de vie. Cette « fin » inéluctable, mais qui n'en est pas une, est pressentie comme un drame absolu, auquel nous ne voulons pas penser, pris de vertige entre le concept du néant et celui de l'inexistence. Pourquoi ne nous posons-nous pas la question de savoir d'où nous venons ? Comme si le fait de prendre corps ici-bas dans celui de notre mère allait de soi, et comme si développer des talents ou des connaissances était tout à fait normal.

Il y a autant de mystère dans notre provenance que dans notre destination.

Pour en revenir à nos chers défunts, une mise en garde cependant : accepter leurs « visites », si visites il y a, mais ne jamais les invoquer ! Une fois désincarnés, les êtres partent vers des destinations qui correspondent à l'état d'apaisement de leur âme. Et ils doivent évoluer vers plus de paix encore, plus de sérénité. Il faut les laisser faire leur chemin.

Continuer à communiquer trop longtemps avec nos chers disparus n'est pas bon signe : cela veut dire qu'ils ont ralenti leur progression pour stagner à nos côtés, ce qui n'est recommandé ni pour nous, ni pour eux. Pour ma part, il y a bien longtemps que je ne communique plus avec ma famille qui est allée vivre en des « contrées » lointaines et paisibles, de l'autre côté du voile.

Je ne leur manque pas, car comme ils me l'ont dit en me prévenant que l'on ne pourrait plus échanger, nous sommes toujours reliés par l'amour qui nous donne la force d'avancer, et la certitude de nous retrouver, nous, eux et tous les êtres vivants, animaux compris, qui ont illuminé notre existence.

En attendant, laissons-les suivre leur trajectoire et nous, restons chez nous, dans ces maisons plus souvent « habitées » qu'hantées, à moins qu'elles ne soient en colère parce que nous les traitons mal.

Prenons soin d'elles ! Les maisons que nous recherchons pour y abriter nos histoires et nos vies sont les refuges dans lesquels nous grandirons ou pas, des endroits que nous chérirons ou que nous fuirons, pas toujours pour de bonnes raisons.

Certains passent leur vie à déménager, souvent par la force des choses, et ne rêvent que de s'installer définitivement dans la demeure de leurs pensées.

D'autres refusent d'y vivre trop longtemps, comme fuyant sans cesse une partie d'eux-mêmes, sans savoir qu'ils l'emportent avec eux.

Qu'on les fasse construire, qu'on les achète, qu'on les loue, qu'elles soient appartement, château ou roulotte, nos demeures sont peuplées de nos pensées et des êtres invisibles qui y passent ou séjournent, souvent sans que nous le sachions.

Nous sommes livrés à des regards, souvent pleins de mansuétude, parfois indifférents ou interrogatifs, parfois tapageurs parce que tourmentés, mais qu'on peut apaiser par la bienveillance et l'amour.

La meilleure des « bonnes ondes » dont peut bénéficier une demeure, c'est l'amour que nous y cultivons.

L'amour dont tant d'êtres vivants manquent ou ont manqué. C'est sans doute la grande leçon à retenir de toutes les manifestations paranormales apparemment malveillantes dont nous pouvons parfois être témoins. Les fantômes terrifiants sont en manque d'amour, et à peine leur manifestons-nous un peu d'empathie, ils quittent leur prison pour s'élever.

Une maison en souffrance est en manque d'amour, et parfois de respect. C'est aussi là-dessus que nous devons travailler.

N'arrivons jamais en conquistadors dans nos maisons, mais rendons-leur grâce quand elles nous accueillent et nous protègent et comprenons que nous n'en sommes pas les propriétaires définitifs. Nous ne faisons que partager les espaces que nous habitons. Et la plupart du temps, beaucoup d'entre eux, sans être « hantés » le moins du monde, sont peuplés de présences ou de mémoires qu'il convient d'accepter. C'est une des richesses de la vie : où que nous soyons, nous ne sommes jamais seuls.

TABLE DES MATIÈRES

Direction littéraire
Huguette Maure
assistée de
Vivien Palleja

pcacmb
édition pré-presse
livres numériques

44400 Rezé

IMPRIM'VERT®

PEFC™ 10-31-1510

Imprimé en France
par Corlet Imprimeur
14110 Condé-sur-Noireau
en avril 2018
N° d'imprimeur : 197154
Dépôt légal : février 2018
ISBN : 978-2-7499-3121-0
LAF 2295